T0197252

L'ALLIANCE DU SANG AVEC DIEU, UNE FORCE INVINCIBLE

PAR LE

Dr. RAHA MUGISHO

A DIEU TOUTE GLOIRE ET ADORATION : DANS LE FEU ET DANS LE SANG NOUS GAGNERONS AU NOM DE JESUS-CHRIST

HAMILTON AOUT 2011

Trafford rev.08/16/2011

 www.trafford.com

Amérique du Nord & international
sans frais: 1 888 232 4444 (États-Unis et Canada)
téléphone: 250 383 6864 ✦ télécopieur: 812 355 4082

DEDICACE

En mémoire du Serviteur de Dieu Le Révérend Chuma Mukwege, je dédie cet ouvrage. Il fut pour moi un parent et un conseiller, je l'avais vraiment aimé.

Que la terre connaisse l'histoire
D'un homme de Dieu ayant le savoir
D'inspirer au corps de Christ son pouvoir
Celui de l'intégrité, d'humilité et de voir
Les petits, grands, pour les asseoir
Dans une logique simple pour les promouvoir

Sayuni et nous, avons un témoignage
Papa Chuma modèle de tous les âges
Papa Kanega, Kabunga,IBUYE,Cichugi, par lui, furent sages
Rhema, SEI portera à cœur son passage
Encourageant sans faille mes pages
Par ses conseils Raha fut sorti dans la cage

L'Eternel a déjà béni sa descendance
Car Il n'est pas un homme qui dance
Mais prouve à force sa providence

Gardant toujours le rythme avec cadence
Malgré mes failles il me brandit la grâce
Reconnaissant la valeur avec prudence

Ses actes resteront dans ma mémoire
Vu que l'homme a le vouloir
Dieu tout puissant a le pouvoir
Il nous prépare le jour de boire
L'abondante eau de vie due à notre devoir
En lui Dieu reçût sa gloire

Nous passerons mais nos actes resteront.

2011/01/29 06:57

REV KABUNGA NOUS PRIONS POUR VOUS ET NOUS VOUS PORTONS A COEUR

TABLE DES MATIERES

I. <u>COMPRENDRE L'ALLIANCE</u>

<u>L'EGLISE DOIT SAISIR CETTE OPPORTUNITE ET MARCHER DANS L'ALLIANCE AVEC DIEU POUR ETRE PUISSANTE ET GLORIEUSE.</u>

[6]Mais maintenant il a obtenu un ministère d'autant supérieur qu'il est le médiateur d'une alliance plus excellente, qui a été établie sur de meilleures promesses. [7]En effet, si la première alliance avait été sans défaut, il n'aurait pas été question de la remplacer par une seconde.

[8]Car c'est avec l'expression d'un blâme que le Seigneur dit à Israël: Voici, les jours viennent, dit le Seigneur, Où je ferai avec la maison d'Israël et la maison de Juda Une alliance nouvelle,

[9]Non comme l'alliance que je traitai avec leurs pères, Le jour où je les saisis par la main Pour les faire sortir du pays d'Égypte; Car ils n'ont pas persévéré dans mon alliance, Et moi aussi je ne me suis pas soucié d'eux, dit le Seigneur.

[10]Mais voici l'alliance que je ferai avec la maison d'Israël, Après ces jours-là, dit le Seigneur: Je mettrai mes lois dans leur esprit, Je les écrirai dans leur cœur; Et je serai leur Dieu, Et ils seront mon peuple.

[11]Aucun n'enseignera plus son concitoyen, Ni aucun son frère, en disant: Connais le Seigneur! Car tous me connaîtront, Depuis le plus petit jusqu'au plus grand d'entre eux;

[12]Parce que je pardonnerai leurs iniquités, Et que je ne me souviendrai plus de leurs péchés.

[13]En disant: une alliance nouvelle, il a déclaré la première ancienne; or, ce qui est ancien, ce qui a vieilli, est près de disparaître.

L'ORIGINE ET L'IMPACTE DU SANG

Le sang est une matière qui a une origine spéciale, et fut à travers l'histoire de la création très symbolique et un moyen d'alliance entre diverses connotations. Jadis, il n'était pas permis à l'homme de manger les aliments ayant le sang. L'homme devait manger les herbes portant de la semence et qui est à la surface de toute la terre, et de tout arbre ayant en lui du fruit d'arbre et portant de la semence. Genèse 1 :29 C'est après la chute de l'homme que ceci changea : *« Tout ce qui se meut et qui a vie vous servira de nourriture : je vous donne tout cela comme l'herbe verte. Seulement, vous ne mangerez point de chair avec son âme, avec son sang. Sachez-le aussi, je redemanderais le sang de vos âmes, je le demanderais à tout animal ; et je redemanderais l'âme de l'homme à l'homme, Si quelqu'un verse le sang de l'homme son sang sera versé ; car Dieu a fait l'homme à son image »* Genèse 9 :3-6

Quelle est l'origine du sang de l'homme ? Au fait, pendant la création d'Adam, il ne pouvait pas bouger après l'acquisition d'une forme humaine. C'était comme une statue qui ne signifiait rien. Il a fallu cette matière pour qu'Adam soit vivant. C'est ainsi que Dieu a soufflé dans ses narines pour que deux éléments composant la vie entrent en lui. En souffla dans ses narines entrèrent l'esprit et le sang. C'est ainsi que l'homme fut créé à l'image de Dieu. Genèse 2 :7

Ce sang fut souillé quand Adam et Eve ont péché contre Dieu et la bible nous montre comment ils reçurent une malédiction : Il dit a l'homme : puisque tu as écouté la voix de ta femme, le sol sera maudit à cause de toi. C'est à force de peine que tu en tireras ta nourriture tous les jours de ta vie, il te produira des épines et des ronces C'est à la sueur de ton visage que tu mangeras ton pain, jusqu'à ce que tu retournes dans la terre Genèse 3 :17-19

Toute garantie sécuritaire fut effacée pour l'homme, mais Dieu dans sa bonté divine, prépara un plan du salut pour le racheter. L'histoire des alliances continua et nous lisons comment Dieu fut diverses alliances du sang avec ses élus. Abraham fut circoncis avec tout mâle qui vivait avec lui. Isaac devait être sacrifié mais un agneau fut donné à Abraham en guise de sacrifice ; ceci nous donne l'image de l'agneau immolé de Dieu. La différence des sacrifices de Caïn et Abel était que Dieu agréait celui d'Abel parce que c'était des animaux qui au fait avaient du sang tandis que Caïn apportait le produit de la terre qui était maudit. Bien de gens enseignent que Caïn apportaient des produits de la terre qui furent pourris, chose qui n'est pas vraie. La délivrance des enfants d'Israël de l'Egypte fut par le sacrifice du sang. *« Ce sera un agneau sans défaut, mâle, âgé d'un an ; vous pouvez prendre un agneau ou un chevreau On prendra du sang, et on en mettra sur les deux poteaux et sur le linteau de la porte des maisons ou on le mangera . C'est la Pâque de L'Eternel. »* Exode 12 :5-12   Dans la nouvelle alliance notre Pâque est manifestée par la mort et la résurrection de Jésus.

Les sacrificateurs continuèrent par le sacrifice du sang pour la rémission des péchés dans la tente d'assignation. « Moïse prit la moitié du sang qu'il mit dans des bassins, et il répandit l'autre moitié sur l'autel. Il prit le livre de l'alliance, et le lut en présence du peuple ; ils dirent : nous ferons tout ce que L'Eternel a dit, et nous obéirons. Moïse prit le sang, et il le répandit sur le peuple, en disant : Voici le sang de l'alliance que

Dieu a faite avec vous selon toutes ces paroles. Exode 23 :6-8. Tout ceci fut l'ombre de ce que le plan de Dieu de rédemption constituait. Hébreux 10 :1

Les sacrifices des péchés devaient se faire chaque année. Mais par le sang de l'agneau de Dieu immolé, un sacrifice suffit pour tous les enfants de Dieu. ALLÉLUIA ! « *Mais Christ est venu comme souverain sacrificateur des biens à venir, il a traversé le tabernacle le plus grand et plus parfait, qui n'est pas construit de main d'homme, c'est-à-dire, qui n'est pas de cette création ; il est entré une fois pour toutes dans les lieux très saints, non avec le sang de boucs et des veaux, mais avec son propre sang .* » Hébreux 9 :11-17

Le sang faisait aussi des alliances entre les personnes dans leur amitié ainsi que dans le mariage ; il est écrit qu'un sacrificateur doit épouser une femme qui est vierge. Le sang produit par la virginité parle beaucoup plus que la bague qui ne signifie rien par rapport à l'union sacrée du mariage. Si le peuple de Dieu pouvait garder cette pureté dans le mariage, ce serait agréable à Dieu et serait la base de la rupture d'avec la prostitution des adolescents. C'est la volonté de Dieu qu'une femme soit mariée étant vierge. Le sang versé est une alliance qui appelle Dieu d'être témoin de cette union ; « *Parce que L'Eternel a été témoin entre toi et la femme de ta jeunesse, à laquelle tu es infidèle, bien qu'elle soit ta compagne et la femme de ton alliance* » Malachie 2 :14 Levi 21 :7,13-15 Eze 44 :22-24 L'épouse de Christ doit être pure sans tâche, purifiée par le sang de l'agneau. Le sang de notre alliance est fait par celui de l'agneau de Dieu immolé.

Les hommes prirent les épines et les ronces et les mirent sur le fils de Dieu pendant sa crucifixion comme couronne. Pendant cette opération tout goûte du sang tombé, sanctifiait la terre des ronces et des épines qui devaient arriver à l'homme. Le fils de Dieu prit cette malédiction étant lui-même sur la croix en se substituant à nous. Romains 3 :23-24

La terre reçut le sang pur qui la purifia et aujourd'hui nous pouvons offrir les produits de la terre à Dieu ; rappelons-nous que Marie de Magdala voulait toucher sur Jésus lors de sa résurrection mais il lui dit : « *Ne me touche pas ; car je ne suis pas encore monté vers le Père. Mais va trouver mes frères, et dis leur que je monte vers mon Père et votre Père, vers mon Dieu et votre Dieu.* » Jean 20 :17 Jésus devait offrir ce sang dans le ciel ; la terre et le ciel avaient besoin de ce sang. Les prières de Daniel étaient bloquées à cause du manque de la sanctification des cieux que Satan et son groupe avaient souillé. Hébreux 9 :23-26 Donc, le ciel, la terre et nous, nous fûmes purifiés par le sang de Jésus c'est-à-dire, quiconque reçoit le fils de Dieu est sauvé par le sacrifice du sang offert par l'agneau de Dieu. Jean 3 :16-19

Le Seigneur disait à ses disciples sur la puissance de son sang mais nombreux ne comprirent rien. Ils étaient au nombre de soixante dix, il lui resta douze. Il leur dit encore, vous aussi vous voulez partir, la réponse fut que c'est toi qui a la vie. « *Je suis le pain de vie Si quelqu'un mange de ce pain, il vivra éternellement Jésus leur dit, si vous ne mangez pas la chair du fils de l'homme, et si vous ne buvez son sang, vous n'avez point la vie en vous-mêmes. Celui qui mange ma chair et qui boit mon sang a la vie éternelle ; et je le ressusciterai au dernier jour. Car ma chair est vraiment une nourriture et mon sang un breuvage… Plusieurs de ses disciples après l'avoir entendu, dirent : cette parole est dure ; qui peut l'écouter ?...De ce moment plusieurs de ses disciples se retirèrent, et ils n'allaient plus avec lui. Jésus dit donc aux douze : Et vous, ne voulez-vous pas aussi vous en aller ? Simon Pierre lui répondit : Seigneur, à qui irions-nous ? Tu as la parole de la vie éternelle. Et nous avons cru et nous avons connu que tu es le Christ, le Saint de Dieu »* Jean 6 : 48-69

Dans ce cas il est de notre avantage de manger chaque jour la chair de Christ et boire quotidiennement par la foi le sang de Jésus-Christ. Sans peur je déclare que je bois le sang de Jésus et je mange sa chair pour une totale protection et sanctification. « Souvenez-vous que vous étiez en ce temps-là sans Christ, privés du droit de cité en Israël, étrangers aux alliances de la promesse, sans espérance et sans Dieu dans le monde. Mais maintenant, en Jésus-Christ, vous qui étiez jadis éloignés, vous avez été rapprochés par le sang de Christ. Car Il est notre paix, Lui qui de deux n'en a fait qu'un, et qui a renversé le mur de séparation, l'inimitié, ayant anéanti par sa chair la loi des ordonnances dans ses prescriptions, afin de créer en lui-même avec les deux un seul homme nouveau, en établissant la paix, et de réconcilier, l'un et l'autre en un seul corps, avec Dieu par la croix, en détruisant par elle l'inimitié. » Ephésiens 2 :12-22

Les sorciers mangent la chair des gens et boivent leur sang pour avoir la puissance diabolique tandis que les rachetés sont très puissants et invulnérables dans la chair et le sang du Fils de Dieu. 1Cor 11 :23-31

Aussi longtemps que le peuple de Dieu ne demeure dans l'alliance ils ne font que se détruire et attirer la colère de Dieu sur lui. Nous sommes obligés à demeurer dans cette alliance pour faire bouger les mains de Dieu dans nos vies. Ceci nous amène aux sept éléments de base de cette alliance.

1. **L'amour de Dieu nous donnera la nature de Dieu.**

2. **La Foi nous fera agréable à Dieu et nous ouvrira partout des portes.**

3. **Payer la dîme nous donnera de bénédictions abondantes.**

4. **Le support de l'évangile nous créera des faveurs de Dieu.**

5. **Les bonnes œuvres nous produiront de multiples opportunités.**

6. **La disponibilité aux activités spirituelles engendra la croissance spirituelle et la présence de Dieu**

7. **Demeurer dans la sainteté nous garantira le ciel**

Ayant tous ces éléments nous aurons le plein droit de manger le corps de Jésus et de boire son sang quotidiennement pour notre protection et victoire. Au cas contraire c'est une routine et tradition que Dieu n'a rien affaire avec. Sachons que tout qui ne se qualifie pas dans ces 7 éléments de base, ce qu'il pourra faire pour son salut c'est de se repentir et se mettre en ordre avec Dieu. Comment pourra t-il imposer ses mains à quelqu'un pendant qu'il n'est pas avec Dieu. Un homme pareil est entrain de donner une malédiction dans ses services parce qu'on ne donne que ce qu'on a. La condition sine qua non est de se repentir et marcher spirituellement en ordre avec Dieu.

II. L'AMOUR DE DIEU,LA NATURE DIVINE

L'amour de Dieu nous donnera la nature de divine I Jean 4 : 16-17

[16]Et nous, nous avons connu l'amour que Dieu a pour nous, et nous y avons cru. Dieu est amour; et celui qui demeure dans l'amour demeure en Dieu, et Dieu demeure en lui.

[17]Tel il est, tels nous sommes aussi dans ce monde: c'est en cela que l'amour est parfait en nous, afin que nous ayons de l'assurance au jour du jugement.

L'exercice fondamental que tout enfant de Dieu doit faire chaque jour est d'adapter son cœur à l'amour de Dieu, ce qui ne regarde pas l'intérêt, et de s'écarter de tout qui lui fera l'objet de chute pour autres personnes. En fouillant le nouveau testament nous trouvons comment notre Seigneur a mis beaucoup de temps et d'insistance sur l'amour et le pardon. Le monde actuel rejette en bloc cet amour et il est remplacé d'un égoïsme à outrances, jusqu'à créer des séparations dans les enfants de Dieu. Dieu nous appelle à la repentance et pleurer pour les péchés d'orgueil, de vantardise et d'insensibilité au vrai amour de Dieu.

L'orgueilleux ne donnera que l'orgueil, le vantard mêmement et tous ne sont pas dans l'alliance avec Dieu au contraire ils la violent. La médisance, la calomnie et les choses semblables ne viennent que par le manque d'amour.

Dieu ne sera pas avec vous à cause de votre possession ou de vos mérites mais à cause de vos qualités produites par son amour.

A l'heure présente beaucoup d'églises ferment leurs portes à Dieu ayant une grande méfiance à certaines personnes leur envoyées qui ne sont pas riches matériellement ; c'est de la cécité spirituelle ; Dieu ne regarde pas la marque du véhicule ou les tenues somptueuses, Il est la parole, Il est l'amour, Il est la lumière.

La façon d'encadrer les serviteurs de Dieu démunis est insignifiante, on ne se rend pas compte que c'est Dieu Lui-même qui est maltraité ; soyons sages et évitons d'être rejeté par le vrai juge. Si un serviteur de Dieu est dans le besoin ou n'importe quel enfant de Dieu, c'est une bonne occasion pour être béni en lui encadrant avec dignité. Un vrai serviteur de Dieu est une bénédiction étant le sel de ce monde. N'est-ce pas écrit que celui qui vous reçoit me reçoit et reçoit celui qui m'a envoyé. Matt. 10 : 40

L'amour de Dieu n'exclue pas le respect des parents spirituels et des parents biologiques, ce sont des couvertures, l'une de consanguinité et l'autre spirituelle. Beaucoup de gens sont dans la malédiction due au mépris et au sabotage de ces derniers. Après que Jacob eut reçu la bénédiction de ses parents et ayant obéi aux requêtes de sa mère et de son père ; en route où personne ne pouvait lui tenir compagnie, Dieu lui parla en lui garantissant : la possession matérielle, la postérité, la protection et l'accomplissement de ses promesses. Genèse 28 : 14-19

Personne n'a le droit de juger et condamner les autres mais de prier, intercéder et de conseiller si cette option est possible. Par manque d'amour, d'aucuns se permettent de critiquer et de juger ceux-là que Dieu a d'or et déjà pardonné et sanctifié dans le sang de Jésus. Ceci crée une mort spirituelle et la colère de Dieu.

[8]Comment maudirais-je celui que Dieu n'a point maudit? Comment serais-je irrité quand l'Éternel n'est point irrité?

[9]Je le vois du sommet des rochers, Je le contemple du haut des collines: C'est un peuple qui a sa demeure à part, Et qui ne fait point partie des nations.

[10]Qui peut compter la poussière de Jacob, Et dire le nombre du quart d'Israël? Que je meure de la mort des justes, Et que ma fin soit semblable à la leur!

[18]Balaam prononça son oracle, et dit: Lève-toi, Balak, écoute! Prête-moi l'oreille, fils de Tsippor!

[19]Dieu n'est point un homme pour mentir, Ni fils d'un homme pour se repentir. Ce qu'il a dit, ne le fera-t-il pas? Ce qu'il a déclaré, ne l'exécutera-t il pas?

20Voici, j'ai reçu l'ordre de bénir: Il a béni, je ne le révoquerai point.

21Il n'aperçoit point d'iniquité en Jacob, Il ne voit point d'injustice en Israël; L'Éternel, son Dieu, est avec lui, Il est son roi, l'objet de son allégresse.

22Dieu les a fait sortir d'Égypte, Il est pour eux comme la vigueur du buffle.

23L'enchantement ne peut rien contre Jacob, Ni la divination contre Israël; Au temps marqué, il sera dit à Jacob et à Israël: Quelle est l'œuvre de Dieu.

24C'est un peuple qui se lève comme une lionne, Et qui se dresse comme un lion; Il ne se couche point jusqu'à ce qu'il ait dévoré la proie, Et qu'il ait bu le sang des blessés.

Nul n'a le droit de haïr son frère parce qu'il fut dans une situation étrange, mais la charité est exigée et la puissance de Dieu pour que la grâce puisse travailler au lieu de criminaliser celui qui doit être délivré des mains du malin.

L'amour de Dieu parle, entend, voit, marche et console mais il ne dort jamais.

1 Corinthiens 13

[1]Quand je parlerais les langues des hommes et des anges, si je n'ai pas la charité, je suis un airain qui résonne, ou une cymbale qui retentit.

[2]Et quand j'aurais le don de prophétie, la science de tous les mystères et toute la connaissance, quand j'aurais même toute la foi jusqu'à transporter des montagnes, si je n'ai pas la charité, je ne suis rien.

[3]Et quand je distribuerais tous mes biens pour la nourriture des pauvres, quand je livrerais même mon corps pour être brûlé, si je n'ai pas la charité, cela ne me sert de rien.

[4]La charité est patiente, elle est pleine de bonté; la charité n'est point envieuse; la charité ne se vante point, elle ne s'enfle point d'orgueil,

⁵elle ne fait rien de malhonnête, elle ne cherche point son intérêt, elle ne s'irrite point, elle ne soupçonne point le mal,

⁶elle ne se réjouit point de l'injustice, mais elle se réjouit de la vérité;

⁷elle excuse tout, elle croit tout, elle espère tout, elle supporte tout.

⁸La charité ne périt jamais. Les prophéties prendront fin, les langues cesseront, la connaissance disparaîtra.

⁹Car nous connaissons en partie, et nous prophétisons en partie,

¹⁰mais quand ce qui est parfait sera venu, ce qui est partiel disparaîtra.

Ceci montre que rien ne pourra remplacer la pratique exhaustive de l'amour de Dieu et sans discrimination.

Quand nous comprendrons ce système et saurons prêts à mourir pour garder cette alliance c'est alors que Dieu commencera à nous utiliser d'une façon surnaturelle parce que tel Il est, tels nous sommes aussi dans ce monde ; c'est en cela que l'amour est parfait en nous...1jean 4 ; 17

Ceux-là qui connaissent l'impact du sacrifice et la signification de leur consécration à Dieu, tout en brandissant l'alliance partout, Dieu certainement les utilisera dans de dimensions surnaturelles.

Vous pouvez mettre beaucoup de temps en cherchant la présence de Dieu et sa faveur mais en utilisant votre bouche pour détruire, médire et calomnier les autres vous perdez l'onction fraiche de Dieu. C'est ainsi que beaucoup disent, nous avons trop jeûné et prier mais nous sommes toujours secs. Sachez que la médisance, la calomnie et le sabotage sont comme la sorcellerie et Le St. Esprit ne peut pas supporter ni tolérer ces comportements.

Si vous êtes fidèle à l'alliance, sachez que Dieu l'est toujours, ce que vous lui demanderez étant dans l'alliance est reçu avec une grande importance ; à cause de ta fidélité même les fruits de tes entrailles bénéficieront de ses conséquences.

Par la fidélité d'Abraham à l'alliance divine, Il lui fut promit de bénédictions et aussi un plan du salut aux fruits de ses entrailles. Après quatre cent trente ans, alors qu'Abraham ne fut, Dieu garda cette alliance pour les faire revenir à Canaan. Genèse 15 ; 13-14 et Exodes 12 ; 40-41

L'homme d'après le cœur de Dieu, le Roi David par son obéissance ses enfants bénéficièrent de ses bénédictions jusqu'aujourd'hui.

III. LA FOI

La foi nous fera agréable à Dieu et nous ouvrira des portes partout. Hébreux 11 : 6-7

[6]Or sans la foi il est impossible de lui être agréable; car il faut que celui qui s'approche de Dieu croie que Dieu existe, et qu'il est le rémunérateur de ceux qui le cherchent.

[7]C'est par la foi que Noé, divinement averti des choses qu'on ne voyait pas encore, et saisi d'une crainte respectueuse, construisit une arche pour sauver sa famille; c'est par elle qu'il condamna le monde, et devint héritier de la justice qui s'obtient par la foi.

[8]C'est par la foi qu'Abraham, lors de sa vocation, obéit et partit pour un lieu qu'il devait recevoir en héritage, et qu'il partit sans savoir où il allait.

[22]C'est par la foi que Joseph mourant fit mention de la sortie des fils d'Israël, et qu'il donna des ordres au sujet de ses os.

Nous avons appris la foi d'Elie et Elisée et celle des autres grands noms de la bible qui ont été utilisés par Dieu jusqu'aujourd'hui ; mais celui qui nous intéresse à cet instant c'est Joseph le fils de Jacob. Celui-ci avait la foi et son calme et son silence disaient beaucoup. Il savait en tout moment que la faveur de Dieu était sur lui et à tout moment il utilisait son arme qui fut le silence. IL était aimé par Dieu, par son Père et sa mère. Malgré ses acquis il ne pouvait pas s'en passer des épreuves pour être à la place où Dieu le voulait. N'eut été la faveur de Dieu, ses propres frères allaient l'assassiner, ils l'ont dépouillé de sa jolie robe, mais lui savait qu'ils pouvaient prendre tous ce qu'il avait mais ils ne réussiront pas à lui enlever l'onction et la faveur divine.

En second lieu il fut vendu enchainé et transporter en Egypte où il devint esclave dans la maison de Potifera. Il gardait toujours l'alliance de Dieu et lui plaçait sa foi sinon il commettrait l'infidélité envers Dieu et envers son maitre en acceptant de se coucher avec la femme de son patron. Cette femme l'accusa faussement et Joseph n'a pas dit un mot, sa veste fut prise mais il savait qu'on peut prendre sa veste mais pas son cœur. Il fut de nouveau enchainé et jeter en prison où il alla avec son cœur sans tâche et la faveur de Dieu sur lui. Imaginez-vous, une personne qui a vu la vision dans laquelle le soleil, la lune et les douze étoiles se prosterner devant lui et il devint esclave. Dieu peut te faire passer dans le désert pour te donner de l'eau. [1]Or la foi est une ferme assurance des choses qu'on espère, une démonstration de celles qu'on ne voit pas.

Joseph qui en prison, la faveur de Dieu fut sur lui, le chef de prison lui fut confiance, mais cela ne lui disait rien que de voir ce que Dieu fera de lui. Joseph qui ne connaissait pas la politique et un étranger, Dieu l'a élevé un jour au détriment de la constitution d'Egypte. Dieu avait planifié un jour pour récompenser sa foi. Des jours sont nombreux mais pour ceux qui ont la foi, Dieu produira des opportunités pour les élever malgré les lois de ce monde. En un seul jour Joseph fut élevé au rang de premier ministre dans une terre étrangère, en un seul jour ce prisonnier fut marié, en un seul jour il est libéré et respecté même par celui qui l'avait arrêté, en un seul jour tous les Egyptiens ont appris à prononcer son le nom. Tout ceci s'est fait par la foi en gardant l'alliance divine nuits et jours. Nous serons différents des mondains par la foi. Abraham notre Père de la foi donnait par la foi et ne pouvait jamais refuser quelque chose dont Dieu voulait obtenir de Lui. Je parle de la foi qui donne gloire à Dieu, pas celle qui prend tout et appauvrir les autres, celle-ci n'est pas la foi mais de l'exploitation. Quand vous connaissez au préalable ce que votre réunion spirituelle sera par vos stratégies, sachez que cela n'est pas la foi mais de la ruse.

Galates 3

> [6]Comme Abraham crut à Dieu, et que cela lui fut imputé à justice,
>
> [7]reconnaissez donc que ce sont ceux qui ont la foi qui sont fils d'Abraham.

⁸Aussi l'Écriture, prévoyant que Dieu justifierait les païens par la foi, a d'avance annoncé cette bonne nouvelle à Abraham: Toutes les nations seront bénies en toi!

⁹de sorte que ceux qui croient sont bénis avec Abraham le croyant.

¹⁰Car tous ceux qui s'attachent aux œuvres de la loi sont sous la malédiction; car il est écrit: Maudit est quiconque n'observe pas tout ce qui est écrit dans le livre de la loi, et ne le met pas en pratique.

¹¹Et que nul ne soit justifié devant Dieu par la loi, cela est évident, puisqu'il est dit: Le juste vivra par la foi.

¹²Or, la loi ne procède pas de la foi; mais elle dit: Celui qui mettra ces choses en pratique vivra par elles.

¹³Christ nous a rachetés de la malédiction de la loi, étant devenu malédiction pour nous-car il est écrit: Maudit est quiconque est pendu au bois, -

¹⁴afin que la bénédiction d'Abraham eût pour les païens son accomplissement en Jésus Christ, et que nous reçussions par la foi l'Esprit qui avait été promis.

La foi au fait que nous proclamons est accompagnée de l'amour, de la patience , qui nous donne de l'espérance, là où par notre nature nous ne pourrions pas la mériter.

Par la foi nous savons que nous ne devons plus vivre dans notre ancienne nature qui est déjà morte et nous avons la nouvelle vie en Jésus-Christ qui son Esprit travaille en nous pour le renouvellement de l'intelligence. Galates 2

> [18]Car, si je rebâtis les choses que j'ai détruites, je me constitue moi-même un transgresseur,
>
> [19]car c'est par la loi que je suis mort à la loi, afin de vivre pour Dieu.
>
> [20]J'ai été crucifié avec Christ; et si je vis, ce n'est plus moi qui vis, c'est Christ qui vit en moi; si je vis maintenant dans la chair, je vis dans la foi au Fils de Dieu
>
> , qui m'a aimé et qui s'est livré lui-même pour moi.
>
> [21]Je ne rejette pas la grâce de Dieu; car si la justice s'obtient par la loi, Christ est donc mort en vain.

Si aujourd'hui beaucoup de chrétiens ont peur des sorciers c'est parce qu'ils violent l'alliance du sang de notre Seigneur Jésus et ils sont sujets aux envoutements, à l'enchantement et aux sorts que ceux-ci leur jettent. Mais la bible déclare qu'il n'y a pas d'enchantement sur Jacob ni de divinations contre Israël. Nombres 23 ; 23

Tout revient à dire que la foi sans les œuvres est inutile, nous devons identifier notre foi dans l'alliance que nous avons avec Dieu par Jésus-Christ. Les puissances de ténèbres arrivent à détruire systématiquement ceux qui n'ont pas de protection divine mais nous qui marchons dans l'alliance nous devons résister le diable sur tous les plans. Nous ne négocions pas avec les démons, nous les chassons au nom de Jésus. Etant dans l'alliance je dois avoir la foi de délivrer ceux qui ont n'importe quels démons inclus celui de la sorcellerie. Si à cette heure d'aucuns sont chassés dans leurs familles disant qu'ils sont des sorciers c'est parce que on se trouve incapable de les délivrer. Plus nous demeurons fidèle dans l'alliance plus nous sommes forts pour rendre l'impossibilité, possible par la puissance du St Esprit. Une chose peut être difficile mais pas impossible. N'est-il pas dit qu'avec Dieu nous ferons des exploits ?

Par la foi Anne malgré que L'Eternel l'avait rendue stérile, elle obtint un fils qui ne fut comparable avec ceux de sa rivale 1 sam1 ; 5, 17,19-20

Par la foi Schadrack, Meschac et Abed-Nego, firent la gloire de Dieu en étant invulnérables dans la fournaise. Dan 3 ; 24-30

Par la foi Daniel fit peur aux lions affameux pendant toute la nuit. Dan 6 ; 19-27

Par la foi Elie appela le feu qui descendit du ciel pour prouver la grandeur de Dieu. I Rois 18 ; 36-40

Par la foi Elisée pria pour la Sunamite d'avoir un enfant et par la foi il le ressuscita. II Rois 4 ; 16-37

Par la foi David un jeune homme défia toute l'armée de Philistin en tuant Goliath. I Sam 17 ; 40-54

Par la foi Esther changea le décret du Roi à la faveur du peuple de Dieu.

Esther 4

15Esther envoya dire à Mardochée:

16Va, rassemble tous les Juifs qui se trouvent à Suse, et jeûnez pour moi, sans manger ni boire pendant trois jours, ni la nuit ni le jour. Moi aussi, je jeûnerai de même avec mes servantes, puis j'entrerai chez le roi, malgré la loi; et si je dois périr, je périrai.

17Mardochée s'en alla, et fit tout ce qu'Esther lui avait ordonné.

Esther 7

3La reine Esther répondit: Si j'ai trouvé grâce à tes yeux, ô roi, et si le roi le trouve bon, accorde-moi la vie, voilà ma demande, et sauve mon peuple, voilà mon désir!

4Car nous sommes vendus, moi et mon peuple, pour être détruits, égorgés, anéantis. Encore si nous étions vendus pour devenir esclaves et servantes, je me tairais, mais l'ennemi ne saurait compenser le dommage fait au roi.

5Le roi Assuérus prit la parole et dit à la reine Esther: Qui est-il et où est-il celui qui se propose d'agir ainsi?

6Esther répondit: L'oppresseur, l'ennemi, c'est Haman, ce méchant-là! Haman fut saisi de terreur en présence du roi et de la reine.

[7]Et le roi, dans sa colère, se leva et quitta le festin, pour aller dans le jardin du palais. Haman resta pour demander grâce de la vie à la reine Esther, car il voyait bien que sa perte était arrêtée dans l'esprit du roi.

[8]Lorsque le roi revint du jardin du palais dans la salle du festin, il vit Haman qui s'était précipité vers le lit sur lequel était Esther, et il dit: Serait-ce encore pour faire violence à la reine, chez moi, dans le palais? Dès que cette parole fut sortie de la bouche du roi, on voila le visage d'Haman.

[9]Et Harbona, l'un des eunuques, dit en présence du roi: Voici, le bois préparé par Haman pour Mardochée, qui a parlé pour le bien du roi, est dressé dans la maison d'Haman, à une hauteur de cinquante coudées. Le roi dit: Qu'on y pende Haman!

[10]Et l'on pendit Haman au bois qu'il avait préparé pour Mardochée. Et la colère du roi s'apaisa.

Par la foi Ezékias défait par miracle le puisant Sanchérib roi d'Assyrie et l'ange tua toute son armée II Chroniques 32 ; 20-21

Par la foi Ezékias bien que Dieu avait prononcé sa mort il obtint 15 ans de vivre. II Rois 20 ; 1-6

Par la foi Pierre opéra le premier miracle en guérissant un infirme mendiant à la synagogue.

Par la foi les apôtres furent libérés de prison par les anges.

Par la foi Jésus-Christ continue à sauver à délivrer, à guérir et en opérant des miracles dans tout le monde par les mains de ses serviteurs.

Par la foi nous croyons à l'enlèvement de l'église et au retour de Jésus sur la terre.

Par la foi nous recevons le baptême du St Esprit et le parler en langues.

Au fait, la foi n'est pas l'imitation ou la copie de ceux qui font les autres, c'est la croyance aux paroles de Dieu et de sa pratique et Dieu qui est le rémunérateur de ceux qui le cherchent. La foi ne demande pas ce qu'on possède mais les invisibles deviennent visibles. Aussi ce n'est pas de vaines répétitions des paroles mais avoir l'assurance que Dieu a déjà écouté il n'est pas sourd.

Par la foi nous devons être sûrs de la protection divine, étant fidèles à l'alliance.

I Chroniques 16

> [21]Mais il ne permit à personne de les opprimer, Et il châtia des rois à cause d'eux:
>
> [22]Ne touchez pas à mes oints, Et ne faites pas de mal à mes prophètes!

L'ennemi de la foi et c'est qui la tue c'est quand on se familiarise avec les incrédules et ceux-là qui ne considèrent pas la puissance de la parole de Dieu. Les mauvaises compagnies corrompent les bonnes mœurs.

Celui qui croit doit accepter que toutes les paroles de la bible sont inspirées et valables dans le temps et dans l'espace. Refuser une partie de la bible est aussi de l'incrédulité.

Il ne faut jamais rester dans le côté négatif ; tous les héros de la bible et tous les serviteurs de Dieu que vous connaissez furent des hommes ordinaires qui furent des actes exceptionnels et avaient des comportements de confiance envers Dieu, marchant droit dans son alliance. La foi, la persévérance, le courage et la détermination étaient inhérentes dans leurs vies. Ils marchaient avec des visions précises et ils n'étaient pas intimidés ni par les hommes ni par les choses de ce monde. C'étaient des hommes que le monde n'était pas digne de recevoir. Héb. 11 ; 38.

Au fait en lisant ces versets de hébreux 11 nous verrons que c'est toujours par la foi que Dieu tirait gloire de son peuple.

> [29]C'est par la foi qu'ils traversèrent la mer Rouge comme un lieu sec, tandis que les Égyptiens qui en firent la tentative furent engloutis.

> [30]C'est par la foi que les murailles de Jéricho tombèrent, après qu'on en eut fait le tour pendant sept jours.

> [31]C'est par la foi que Rahab la prostituée ne périt pas avec les rebelles, parce qu'elle avait reçu les espions avec bienveillance.

> [32]Et que dirai-je encore? Car le temps me manquerait pour parler de Gédéon, de Barak, de Samson, de Jephthé, de David, de Samuel, et des prophètes,

[33]qui, par la foi, vainquirent des royaumes, exercèrent la justice, obtinrent des promesses, fermèrent la gueule des lions,

[34]éteignirent la puissance du feu, échappèrent au tranchant de l'épée, guérirent de leurs maladies, furent vaillants à la guerre, mirent en fuite des armées étrangères.

[35]Des femmes recouvrèrent leurs morts par la résurrection; d'autres furent livrés aux tourments, et n'acceptèrent point de délivrance, afin d'obtenir une meilleure résurrection;

Au fait l'or est toujours précieux avant même de passer dans le feu. Ceux qui connaissent sa valeur ne peuvent jamais le négliger. Mais une chose est certaine, pour avoir sa vraie valeur pratique il doit passer dans le feu. Il est de même pour la nourriture, elle doit passer par le feu pour qu'elle arrive à son objectif principal. L'or doit connaitre une transformation, une transition mais il reste de l'or. Les serviteurs de Dieu sont précieux aux yeux de Dieu mais pour des raisons valables ils passent par le feu non pas pour les tuer mais Dieu travaille en eux pour leur faire arriver à un objectif voulu par LUI qui est souverain.

Le Roi Asa marchait avec Dieu dans la droiture et il savait où aller au temps de difficultés ; une armée d'un million contre deux cent quatre-vingt mille, mais il eut la foi et implora la grâce à L'Eternel qui l'aida.

(14:7) Asa avait une armée de trois cent mille hommes de Juda, portant le bouclier et la lance, et de deux cent quatre-vingt mille de Benjamin, portant le bouclier et tirant de l'arc, tous vaillants hommes. 2 chroniques 14

(14:8) Zérach, l'Éthiopien, sortit contre eux avec une armée d'un million d'hommes et trois cents chars, et il s'avança jusqu'à Maréscha.

(14:9) Asa marcha au-devant de lui, et ils se rangèrent en bataille dans la vallée de Tsephata, près de Maréscha.

(14:10) Asa invoqua l'Éternel, son Dieu, et dit: Éternel, toi seul peux venir en aide au faible comme au fort: viens à notre aide, Éternel, notre Dieu! car c'est sur toi que nous nous appuyons, et nous sommes venus en ton nom contre cette multitude. Éternel, tu es notre Dieu: que ce ne soit pas l'homme qui l'emporte sur toi!

¹²(14:11) L'Éternel frappa les Éthiopiens devant Asa et devant Juda, et les Éthiopiens prirent la fuite.

¹³(14:12) Asa et le peuple qui était avec lui les poursuivirent jusqu'à Guérar, et les Éthiopiens tombèrent sans pouvoir sauver leur vie, car ils furent détruits par l'Éternel et par son armée. Asa et son peuple firent un très grand butin;

¹⁴(14:13) ils frappèrent toutes les villes des environs de Guérar, car la terreur de l'Éternel s'était emparée d'elles, et ils pillèrent toutes les villes, dont les dépouilles furent considérables.

¹⁵(14:14) Ils frappèrent aussi les tentes des troupeaux, et ils emmenèrent une grande quantité de brebis et de chameaux. Puis ils retornèrent à Jérusalem.

Comment jouir du pouvoir et la puissance de Dieu (b)

Nous devons en premier lieu identifier la source de ce pouvoir ou puissance. Au fait, il y a trois sources de pouvoir. Deux qui sont surnaturelles et une qui est naturelle.

Les sources surnaturelles émanent de deux différentes provisions ; l'une qui est très forte et incomparable, celle de Dieu, et la deuxième est du diable. Celle du naturel provient des exercices physiques, de l'intelligence ou information et aussi de l'héritage ou acquisition diverse.

Je parlerai exclusivement de comment acquérir la puissance divine.

1. Salut

En croyant en Jésus-Christ, nous devenons miraculeusement les enfants de Dieu et la porte d'acquérir la puissance nous est offerte automatiquement. Pour ceci nous devons en premier reconnaitre et croire à cette puissance qui est extra ; ici je ne parle pas du baptême du St Esprit bien qu'une autre puissance est acquise par ce baptême ; ce que je parle c'est le pouvoir de produire des miracles. De dominer sur la nature, d'être maître de la nature ; provoquer le surnaturel. Il est impossible d'être agréable à Dieu sans la foi. Il est aussi impossible d'avoir la puissance surnaturelle si on n'y croit pas et si on ne le désire pas. Il faut y croire et accepter cette possibilité. Dieu nous a donné l'ordre d'assujettir la terre ou monde. Nous ne pouvons pas l'assujettir au maximum si nous ne saisissons pas le concept du pouvoir et de la puissance. Par cette puissance Notre Seigneur a marché sur les eaux, il a apaisé le vent et les tempêtes. Il a ressuscité les morts, il a nourri miraculeusement de milliers des affamés. Il a fait beaucoup de merveilles et dans Jean 14 : 12 Jésus déclare que celui qui croit en lui fera aussi ces travaux et aussi plus grands que ceux-là. Je n'ai jamais vu quiconque parmi les serviteurs de Dieu qui fait même le 1/10eme de ces travaux alors que Notre Seigneur confirme la possibilité. Ceci montre que nous avons des failles à redresser dans notre façon de croire et d'agir.

2. Sainteté

Mourir contre les péchés c'est-à-dire ne pas laisser une porte d'entrée pour le mal de tout genre. Eviter toutes les occasions de chutes voir couper totalement avec ces liaisons. Les traditions humaines nous rendent de fois assujettis par le naturel. Voyons comme Dieu voit ; et soyons dirigés par L'Esprit de Dieu. Etre conduit selon la chair ou selon la volonté de l'homme nous conduira à un échec total, et le concept de puissance serait utopique. Le cœur est un grand instrument que Dieu utilise. Etant pur et éloigné des péchés nous avons la garantie de la présence divine, et c'est qu'IL nous témoigne du dedans est un secret entre l'individu et son créateur. De fois les religieux accusent le juste comme ils veulent selon leurs jugements et analyses, mais il est vrai que Dieu ne condamne jamais le juste. Il le délivre de tout mal, et lui assure la sécurité totale. Vaincre le péché montre d'abord comment on est conduit dans le vrai amour et non pas dans l'hypocrisie. La tradition veut que tout se ressemble et avoir le même langage spirituel, et aussi les mêmes visions. Ceci n'est pas admissible aux enfants de Dieu qui aspirent à la puissance et le pouvoir surnaturel. Nous devons conquérir pour Dieu, les hommes et les femmes, qui par nos actes verront la grandeur de Dieu. Nous sommes arrivés à un moment ou les gens doutent de tout et les émissaires de diable comme au temps de Moise, font des prodiges. Nous devons les réduire à l'impuissance devant la grandeur de Dieu. Notre Seigneur a dit : « Allez...Baptisez...Faites des miracles. Pourquoi cette peur de les produire. C'est là le point de faiblesse et de la négation de la véracité du message de Christ.

3. louange et adoration

Acquérir à tout moment la puissance et le pouvoir en adorant incessamment Dieu et automatiquement ; il faut que cela se fasse sans honte et sans gène. Alléluia, Alléluia, Alléluia. Que cet exercice soit comme l'homme qui respire ; au temps convenable et au temps inopportun. Gloire, Gloire, Gloire à Dieu. C'est une grande puissance acquise rien qu'en le faisant librement et automatiquement. Réjouissez-vous dans Le Seigneur même si les choses ne sont pas comme vous l'attendiez. Dieu viendra toujours vers vous parce que c'est l'endroit qui lui est agréable et où Il se sent confortable. Le control des paroles est très important pour conserver la puissance et le pouvoir. Ne faites jamais sortir des bêtises et des blagues. Ne maudissez pas mais bénissez. Sachez que toutefois que vous vous fâchez contre une personne, elle devient maudite sur place et toute parole sortie dans votre bouche est sacrée si vous vous conformez à cette loi de puissance et de pouvoir. Ne vous permettez pas de médire ou de dénigrer et calomnier, toutes les personnes sont vos potentialités de réussite et de bénédiction. Vous ne connaissez pas ceux que Dieu enverra verra vous pour le réconfort. Soyez neutre et résidez où Dieu vous veut. Sachez que Moise était comme le Dieu d'Aaron et Aaron son prophète. Votre parole a de la puissance si et seulement si, vous la considérez. Restez calme au lieu de faire sortir des sottises

4. Vivre dans la présence de Dieu

Ayez beaucoup de temps de la méditation, et de rester dans la présence de Dieu, au lieu de gaspiller le temps pour la télévision et dans le milieu des hypocrites et des blagueurs. Il est vraiment difficile de se mettre à l' ecart mais c'est un moyen très efficace pour ne pas contribuer aux discours des insensés. Ils se donnent raison et blasphèment dans leurs débats. Souvent ils ne font pas référence à la parole de Dieu dans leurs discussions mais c'est le monde et sa tradition qui gagnent le terrain. C'est très triste. Le Seigneur Jésus s'éloignait souvent pour la méditation et pour la prière. Il dormait de fois sur les montagnes pour accumuler la puissance. En descendant, les miracles coulaient comme de l'eau. La chair aime toujours des distractions pour nous assujettir aux distractions diverses mais c'est ne pas la volonté de Dieu. Paul a dit qu'il traite durement son corps. Je ne vois pas un Jésus-Christ qui est au jeu de dame ou des cartes ; Il marchait avec des objectifs très clairs et Il réussissait partout parce qu'en tout lieu Il faisait non sa volonté mais celle de son Père. Allez dans une place où vous serez seul avec Dieu.

5. Humilité et Pardon

Humiliez-vous devant Dieu, soyez prêt à demander pardon et à pardonner ceux qui vous ont offensés. Ne cachez-pas les péchés mais, repentez-vous et cesser de faire le mal. Ne jugez-pas mais jugez-vous, vous-même et redressez l'autel de Dieu quotidiennement. Par tout qui se passe dans votre vie, donnez gloire à Dieu. Dites toujours que c'est Dieu qui a fait et non pas vous. Présentez-vous comme serviteur

partout et non pas le patron. N'imitez pas les serviteurs qui font le commerce des dons et miracles. Ne trompez pas les gens dans un enseignement que vous ne maitrisez pas, au contraire appelez un serviteur douait à la matière pour enseigner le peuple de Dieu. Sachez que le pouvoir et la puissance ne font pas de vous un apôtre ou un surintendant, vous devez toujours obéir à l'ordre établit sans toute fois vous compromettre avec Dieu. Il est certain que Dieu Lui-même vous élèvera lorsque vous vous humilierez devant Lui.

Le jeûne et prière et des privations sont très nécessaires pour la satisfaction du voyage dans le surnaturel. Fuir les désirs du monde est un grand avantage pour demeurer dans la volonté de Dieu.

6. Parole de la foi et d'autorité

La foi et la parole de la foi vous amènera là où vous n'êtes jamais arrivés. Déclarez par la foi, agissez par la foi ; c'est de cette façon que vous verrez le ciel s'ouvrir et se refermer devant vos yeux. Vous appellerez les oiseaux et ils viendront vers vous par la puissance de la parole de la foi. Vous appellerez la pluie et elle viendra arroser la terre. Vous détruirez toutes les œuvres de diable dans la nature et dans les hommes. Des situations inexplicables naturellement se passeront dans votre milieu et les anges vous visiteront et parler avec vous. Vous serez dans ce monde vivant dans le surnaturel, envoyant les anges dans des missions difficiles pour tout et dans tout le monde. La parole d'autorité et la parole de la foi vous feront maitriser toutes les situations. S'abstenir de certaines nourritures vous fera aussi très puissant, surtout du sang et des animaux étranglés et toutes nourritures sacrifiées au diable. Ma confession selon la parole de Dieu active ma foi et me transforme à un niveau spirituel qui provoque une réalité vivante ; je dis ce que je crois connaissant que la parole de Dieu crée et je suis un enfant de Dieu. Ma parole selon les écritures change des circonstances. Même si je marche dans les eaux elles ne vont pas me submerger parce que Dieu est avec moi ; même si je passe dans le feu il ne me brûlera pas parce que Dieu est avec moi etc....

7. Dépendre du sang de Jésus-Christ

Utiliser le pouvoir et la puissance du sang de Jésus-Christ comme la force ultime, rien ne peut égaler ce sang. Manger la chair de Jésus et boire son sang chaque jour pour votre invulnérabilité et pour votre protection et victoire.

Les facteurs qui empêchent de jouir de la puissance et le pouvoir divin (deuxième partie)

Jean 14

¹Que votre cœur ne se trouble point. Croyez en Dieu, et croyez en moi.

L'homme peut être l'ennemi de son émancipation et de son développement. Ce que nous pensons et ce que nous disons possèdent un impact très fort dans notre vie. La peur et le doute sont les détracteurs de notre vie victorieuse et permettent la chute à tout moment, soyons prudents. Pourquoi nous troublons nous, c'est par la perte de la foi et l'embrassement des doutes et du naturel alors que les relations et la marche avec Dieu sont surnaturelles.

Pourquoi détourner ce qui est surnaturel et l'identifier au naturel ? Que nos cœurs ne se troublent pas dans toutes les circonstances. Même si mes sens ne comprennent pas, le mot d'ordre est déjà lancé ; de ne pas me troubler mais de continuer à croire. Si je n'arrive pas à croire, que malgré ce que je vis, Dieu est toujours avec moi et Il agira à son temps, je ne serai pas capable de croire à la puissance du St Esprit, au parler en langues et aux deux baptêmes. Tout ce que Le Seigneur Jésus a dit possède une puissance inimaginable. Douter d'une de ses paroles entrainerait la porte de se troubler et vivre dans l'emprise de la frustration diabolique. Satan ne te dira jamais que tu es plus fort que lui ou que la parole de Dieu est puissante. Si vous attendez cela vous serez dans une grande déception. Le Seigneur Jésus n'avait pas à chercher les réponses fantastiques pour répondre au diable. Il lui disait à chaque demande : il est écrit…Matt 4 :4. Ceci nous pousse à utiliser à toutes les sollicitations non pas ce que nous sentons mais ce qui est écrit. Romains 10 : 8-10

[8]Que dit-elle donc? La parole est près de toi, dans ta bouche et dans ton cœur. Or, c'est la parole de la foi, que nous prêchons.

[9]Si tu confesses de ta bouche le Seigneur Jésus, et si tu crois dans ton cœur que Dieu l'a ressuscité des morts, tu seras sauvé.

[10]Car c'est en croyant du cœur qu'on parvient à la justice, et c'est en confessant de la bouche qu'on parvient au salut, selon ce que dit l'Écriture Autrement dit, vous devez parler selon votre croyance à la parole de Dieu. Ne permettez-pas votre bouche de vous maudire, vous et vos bien aimés, par contre bénissez-vous, et toutes les personnes qui vous sont chères. La foi, c'est dans la bouche et dans la confession. D'autres paroles audacieuses vous feront différents des autres parce que vous voyez selon Dieu et pas selon la nature. Les serviteurs de Dieu ont toujours déclaré les visions divines que personne ne croirait qu'avec difficulté. Imaginez-vous comment Marie pouvait convaincre son entourage qu'elle allait mettre au monde sans l'œuvre humaine ? Imaginez-vous un prophète qui proclame que demain la famine sera oubliée en Israël? Imaginez-vous un serviteur de Dieu qui déclare que la pluie ne pleuvra pas pendant six années et trois mois ? Imaginez-vous un jeune homme qui dit à sa famille qu'un jour ils se prosterneront devant lui et cela arriva à son temps. Vous qui pleurez ne pleurez plus, croyez en Dieu et à son fils Jésus-Christ. Dieu connait le jour git ; Il ne se trompera jamais ni mentir. Ce que vous avez, gardez le avec tous les soins possibles. Ne regardez ni à gauche ni à droite. Avancez avec détermination, votre victoire arrive et frappera justement sur votre porte.

(34:3) Que mon âme se glorifie en l'Éternel! Que les malheureux écoutent et se réjouissent!

[3](34:4) Exaltez avec moi l'Éternel! Célébrons tous son nom!

[4](34:5) J'ai cherché l'Éternel, et il m'a répondu; Il m'a délivré de toutes mes frayeurs.

[5](34:6) Quand on tourne vers lui les regards, on est rayonnant de joie, Et le visage ne se couvre pas de honte.

[6](34:7) Quand un malheureux crie, l'Éternel entend, Et il le sauve de toutes ses détresses.

[7](34:8) L'ange de l'Éternel campe autour de ceux qui le craignent, Et il les arrache au danger.

[8](34:9) Sentez et voyez combien l'Éternel est bon! Heureux l'homme qui cherche en lui son refuge!

[9](34:10) Craignez l'Éternel, vous ses saints! Car rien ne manque à ceux qui le craignent.

[10](34:11) Les lionceaux éprouvent la disette et la faim, Mais ceux qui cherchent l'Éternel ne sont privés d'aucun bien.

La foi et la croyance résident dans le cœur et dans la confession de ce qui le remplit. Donc nous devons être sages en remplissant d'une manière régulière notre cœur par la parole de Dieu. Détrompez-vous, les mauvaises compagnies corrompent et l'imitation devient

un appât utilisé par le malin. Vous devez choisir votre milieu et le mauvais choix déterminera votre défaillance spirituelle.

Le fait de ne pas saisir la réalité entrainera les fausses déclarations et les fausses croyances. Tout ceci fera dissiper toute patience et automatiquement l'homme animal siège dans l'esprit pour la satisfaction de la chair et l'amour de ce monde.

Apprendre à parler positivement des autres, ayant l'amour de Dieu, conduira toujours à la volonté de Dieu et fera éviter beaucoup de péchés. L'homme juge d'après ses croyances ; l'adage français dit : on juge comme on est. Cela est tout à fait normal, vous ne pouvez pas donner ce que vous n'avez pas. Je vous donne la paix ; Le Seigneur ne pourrait pas donner ce qu'il n'avait pas. Malgré les tribulations de ce monde Il n'avait jamais perdu la paix. Il savait administrer la parole en vérité sans la mélanger d'un autre produit. Tout ce que Dieu a dit, Il le fera, ne vous troublez pas croyez en Dieu et en son Fils unique Jésus-Christ.

La peur et le doute entrainent le manque de patience et la paix ; Que Dieu nous aide à comprendre ceci. Tout ce que j'attends de Dieu par la foi se passera un jour si je ne m'évanoui pas dans ma croyance. Pourquoi se dire tout bas que j'aurai la honte si je n'intervienne pas charnellement. Ceci nous pousse à mentir et à nous soumettre à la volonté de la chair et de l'homme. Nous devons persévérer dans la foi. Nous devons doubler notre patience. En Dieu il n'y a pas d'impossibilité. Tout est possible, l'impossibilité se trouve dans les têtes des humains mais pas devant Dieu. Il n'est pas un homme pour mentir.

Vous avez une grande valeur, l'ignorer, vous diminuera toujours. Un serviteur de Dieu n'est pas n'importe qui ; il a les trésors de Dieu pour délivrer, pour bénir, pour l'élévation, pour la guérison et pour les miracles divers. Si quelqu'un ne le reconnait pas, ne vous fâchez pas ou ne lui obligez pas c'est lui qui rate le bonheur et le service divin qu'il pouvait profiter en vous. Un serviteur de Dieu ne doit pas être tiré comme celui qui n'a pas des objectifs à atteindre quotidiennement. Donnez-vous de la valeur, ce n'est pas être arrogant mais c'est une façon de reconnaitre celui que vous représentez. C'est ainsi que nous serviteurs de Dieu devons privilégier nos priorités et tout ceci marche avec Dieu. Nous ne devons pas marcher comme Balaam qui voyait seulement l'honneur et les matériels Nombres 23 :32-34. L'or et l'argent appartiennent à Dieu. Il est notre principale source de revenus. Si vous reconnaissez cela vous êtes sur la vraie porte des miracles.

[11](34:12) Venez, mes fils, écoutez-moi! Je vous enseignerai la crainte de l'Éternel.

[12](34:13) Quel est l'homme qui aime la vie, Qui désire la prolonger pour jouir du bonheur?

[13](34:14) Préserve ta langue du mal, Et tes lèvres des paroles trompeuses;

[14](34:15) Éloigne-toi du mal, et fais le bien; Recherche et poursuis la paix.

¹⁵(34:16) Les yeux de l'Éternel sont sur les justes, Et ses oreilles sont attentives à leurs cris.

¹⁶(34:17) L'Éternel tourne sa face contre les méchants, Pour retrancher de la terre leur souvenir.

¹⁷(34:18) Quand les justes crient, l'Éternel entend, Et il les délivre de toutes leurs détresses;

¹⁸(34:19) L'Éternel est près de ceux qui ont le coeur brisé, Et il sauve ceux qui ont l'esprit dans l'abattement.

¹⁹(34:20) Le malheur atteint souvent le juste, Mais l'Éternel l'en délivre toujours.

²⁰(34:21) Il garde tous ses os, Aucun d'eux n'est brisé.

²¹(34:22) Le malheur tue le méchant, Et les ennemis du juste sont châtiés.

²²(34:23) L'Éternel délivre l'âme de ses serviteurs, Et tous ceux qui l'ont pour refuge échappent au châtiment.

Jadis, les serviteurs de Dieu attendaient leurs provisions à Dieu, ils ne mendiaient pas ni mentir au nom de Dieu pour avoir leurs besoins. Elie fut nourrit par un corbeau envoyé par Dieu ; il fut dirigé chez une femme très pauvre pour y vivre et manger de leur nourriture, et ce fut la porte de bénédiction à cette veuve et son enfant, qui eurent le miracle de la multiplication de la farine et de l'huile. Aujourd'hui beaucoup de serviteurs par manque de la foi, ils mentent en trompant les gents concernant l'onction de 1 000,000$ de 100,000 $et de 1000$, non si nous faisons cela c'est la déviation, nous devons nous repentir et revenir au vrai évangile. Dieu touchera les gens pour nous supporter volontairement ; Dieu parlera à diverses personnalités pour apporter des trésors et ceci fera la fierté du service. Ne prostituez pas les dons et les talents divins, donnons et rendons ce service gratuitement sans complaisance et ruses ; Dieu fera le reste. Quand je dis ceci, je ne m'oppose pas aux offrandes et aux dîmes non de là, mais de l'escroquerie spirituelle. Vous qui dites que Dieu t'a dit que 100 personnes donneront 1000$ et maintenant une seule personne se présente, qui a menti ? Vous qui dites que 10 personnes souffrent de telles maladies et nous ne voyions même pas une seule qui se présente, qui a menti ? Les prophéties qui tâtonnent ne viennent jamais de Dieu. Dieu est un Dieu de précision. Il connait le temps et le jour ainsi que le mois. Dieu ne se trompe jamais ; un peu du vrai et un peu de semblable, ce n'est pas Dieu. Il est un Dieu de l'exactitude, de précision. Il ne peut jamais se douter de la date, de l'heure et de la minute.

Rendez un bon travail dans tout ce que vous faites, ou une besogne de qualité, c'est pour votre intérêt. Vous le récolterez un jour. En ce qui concerne le nom, ne vous en faites pas, votre savoir faire vous donnera un bon nom partout. Ne soyez jamais pressé pour réagir mais ayez de la précision dans tout ce que vous faites. Si vous ne connaissez pas quelque chose, éviter de le démontrer se faisant passer pour un érudit, c'est une bêtise. Mémorisez bien les versets bibliques si pas écrivez les ; pourquoi salir votre réputation par manque de maturité spirituelle. Si tel débobine les écritures avec acuité, c'est par la grâce, vous n'êtes pas obligé de faire comme lui. La ponctualité et la sincérité, l'intégrité doivent faire le caractère d'un serviteur de Dieu

Un fait peut être vrai mais pas juste est exact

A supposer, quelqu'un rencontre un américain appelé BUSH faire un discourt. Celui-ci s'en va dire à son ami que j'ai rencontré GEORGES BUSH faire un discourt. Son ami va trouver une assemblée et dit que le président des Etats-Unis fait un discourt. Ceci est vrai mais n'est pas juste, il faut un complément pour qu'il soit juste et exact parce que le président des Etats-Unis actuellement est Baraka Obama et non Georges Bush. Cependant s'il aurait dit, l'ancien Président des Etats-Unis Georges Bush fait le discourt, ce sera juste et exact. Les serviteurs de Dieu doivent faire attention à toutes les nouvelles qu'ils racontent. Ceci peut les disqualifier à l'égard de leur société et ils perdront de la valeur. Il faut savoir vérifier les informations et aussi donner les messages qui édifient au lieu de salir les autres.

Un autre exemple, si quelqu'un dit tel s'est séparé de sa femme. Cette nouvelle est vraie mais n'est pas exacte lorsqu'un élément n'y est pas. La vérité pourrait être, la femme a chassé son mari ou l'homme a répudié sa femme malgré toutes les bonnes intentions. En Afrique ce sont les hommes qui ont le mot à dire mais dans les pays développés ce sont les femmes qui ont cette puissance et si vous n'obtempérez pas, la police viendra vous ligoter et vous trainer en prison comme un malfaiteur. Beaucoup de serviteurs de Dieu pèchent en rapportant des nouvelles qui sont fausses et qui n'édifient pas. Soyons mûrs et sachons ce qui est agréable à Dieu.

Je ne vois pas la raison qui pousse un homme de Dieu de répandre les négatifs des autres au lieu de parler des œuvres de Christ. C'est le manque de maturité. Si vous n'avez pas été victime d'un cas non souhaité, gloire à Dieu. A vrai dire nombreux inclus moi-même avons été fait victimes, mais la vie continue et la grâce de Dieu nous a fait passer de la mort a la vie.

La puissance de Dieu et son pouvoir nous est attribué mais nous devons connaitre ce qui nous détourne de sa conservation. Rester originaux nous fera arriver au destin original. Si quelqu'un vous néglige c'est parce que il ne reconnait pas ce qu'il peut gagner en vous mais une chose est certaine, toute créature humaine a de la valeur inexprimable. Tout ce que nous voyons changera. Mais la plus grande chose c'est être dans le changement positif. Ceci fera que tout ce qui vous arrive soit profitable même votre mort dans la présence de Dieu, restant dans la volonté de Dieu, serait une grande victoire. Souvenez-vous des os d'Elisée, bien que mort, l'onction agissait dans la tombe jusqu'à donner la vie à un mort qui y fut jeté. Psaume 116 : 15

[15]Elle a du prix aux yeux de l'Éternel, La mort de ceux qui l'aiment

Que Dieu nous aide à garder son alliance jusqu'à la
fin malgré les persécutions.

IV. <u>LA DIME</u>

<u>III</u>   <u>**Payer la dîme nous donnera de bénédictions abondantes.**</u>
<u>**Malachi 3 : 8-12**</u>

[8]Un homme trompe-t-il Dieu? Car vous me trompez, Et vous dites: En quoi t'avons-nous trompé? Dans les dîmes et les offrandes.

[9]Vous êtes frappés par la malédiction, Et vous me trompez, La nation tout entière!

[10]Apportez à la maison du trésor toutes les dîmes, Afin qu'il y ait de la nourriture dans ma maison; Mettez-moi de la sorte à l'épreuve, Dit l'Éternel des armées. Et vous verrez si je n'ouvre pas pour vous les écluses des cieux, Si je ne répands pas sur vous la bénédiction en abondance.

[11]Pour vous je menacerai celui qui dévore, Et il ne vous détruira pas les fruits de la terre, Et la vigne ne sera pas stérile dans vos campagnes, Dit l'Éternel des armées.

[12]Toutes les nations vous diront heureux, Car vous serez un pays de délices, Dit l'Éternel des armées.

Tout ce que nous possédons nous les avons eu par la force et la sagesse que L'Eternel nous a données, Il pouvait nous demander de payer même plus que cela mais par sa bonté Il nous taxe seulement un dixième de nos revenus. N'est-ce pas une petite chose parce que, et nous, et notre possession lui reviennent. Nous sommes sa propriété. D'autres par égoïsme ont inventé un faux enseignement disant que payer la dîme c'est la loi et nous n'avons rien avoir avec elle. Sachez que c'est l'incompréhension de la bible. La loi est arrivée par Moise pendant que notre père Abraham a payé la dîme par la foi et non par la loi. Nous devons avoir la joie de pratiquer la foi de notre patriarche qui est allé jusqu'à l'extrême en étant prêt à offrir son fils unique à Dieu. Hébreux 7.

[1]En effet, ce Melchisédek, roi de Salem, sacrificateur du Dieu Très Haut, -qui alla au-devant d'Abraham lorsqu'il revenait de la défaite des rois, qui le bénit,

[2]et à qui Abraham donna la dîme de tout, -qui est d'abord roi de justice, d'après la signification de son nom, ensuite roi de Salem, c'est-à-dire roi de paix, -

[3]qui est sans père, sans mère, sans généalogie, qui n'a ni commencement de jours ni fin de vie, -mais qui est rendu semblable au Fils de Dieu, -ce Melchisédek demeure sacrificateur à perpétuité.

[4]Considérez combien est grand celui auquel le patriarche Abraham donna la dîme du butin.

[5]Ceux des fils de Lévi qui exercent le sacerdoce ont, d'après la loi, l'ordre de lever la dîme sur le peuple, c'est-à-dire, sur leurs frères, qui cependant sont issus des reins d'Abraham;

[6]et lui, qui ne tirait pas d'eux son origine, il leva la dîme sur Abraham, et il bénit celui qui avait les promesses.

[7]Or c'est sans contredit l'inférieur qui est béni par le supérieur.

[8]Et ici, ceux qui perçoivent la dîme sont des hommes mortels; mais là, c'est celui dont il est attesté qu'il est vivant.

[9]De plus, Lévi, qui perçoit la dîme, l'a payée, pour ainsi dire, par Abraham;

[10]car il était encore dans les reins de son père, lorsque Melchisédek alla au-devant d'Abraham.

[11]Si donc la perfection avait été possible par le sacerdoce Lévitique, -car c'est sur ce sacerdoce que repose la loi donnée au peuple, -qu'était-il encore besoin qu'il parût un autre sacrificateur selon l'ordre de Melchisédek, et non selon l'ordre d'Aaron?

OFFRANDE ET DIME

L'offrande est la somme d'argent ou des objets que le chrétien donne dans tous les services de culte à l'église tandis que le 1/10 ème ou la dîme est la part de Dieu dans tout ce que nous percevons (1/10 ème du bénéfice pour le commerçant, 1/10 ème de salaire pour le travailleur).

Evaluation de la dîme

Si vous n'avez pas d'argent mais du bétail et des produits de la ferme, vous pouvez évaluer votre dîme comme le firent les israélites de l'Ancien Testament. Si, par exemple, vous avez eu 27 agneaux durant toute l'année, votre dîme sera de 3 anneaux. Si vous êtes travailleur indépendant, votre dîme consistera en 10% de votre revenu. Si votre revenu consiste en un salaire ou une pension, admettons 4800 $, votre dîme sera de 480 $, il se peut que vous ayez d'autres sources de revenu en plus de votre salaire comme les allocations familiales, des dons et autres. Vous devriez, normalement, donner aussi la dîme de ces différents revenus, car ce sont des bénédictions venant de Dieu ! Nous devons nous rappeler d'une chose très importante : celui qui sème peu moissonnera peu, et celui qui sème en abondance moissonnera en abondance (2 Cor 9 :6)

Bénédiction résultant de la pratique de la dîme

Dans Malachie 3 :10 «Dieu nous enseigne qu'il déversera en abondance toutes sortes de bénédictions sur ceux qui apportent la dîme. Si vous doutez de cela, Dieu vous lance un défi : « *mettez-moi de la sorte à l'épreuve !* »

Ceux qui pratiquent la dîme ne deviennent jamais pauvres en gardant le neuf dixième de leurs revenus pour satisfaire à leur besoins. Montrez-moi un croyant qui se plaint de ne pas avoir suffisamment pour vivre et je vous montrerai celui qui ne paie pas sa dîme au Seigneur. En réalité, ceux d'entre nous qui paient leurs dîmes savent par expérience que les neuf dixième avec la bénédiction de Dieu sont bien plus que les dix dixième sans elle. (Proverbes 3 :9). Finalement, il est important de considérer votre attitude lorsque vous donnez à Dieu.

Dans 2 cor 9 :7, nous lisons que nous devrions donner « sans tristesse ni contrainte, car Dieu aime celui qui donne avec joie ». Nous nous privons nous-mêmes de la pleine bénédiction que Dieu a pour nous lorsque nous sommes tristes quand nous donnons ou si nous offrons parce que nous devons le faire. Cependant, si nous donnons avec joie, dans un geste d'adoration et d'amour, nous ouvrons le chemin pour que Dieu puisse partager ses abondantes bénédictions avec nous. L'Apôtre Paul témoigne comment à Corinthe ils ont donné volontairement selon leurs moyens, et même au delà de leurs moyens nous demandant avec de grandes instances la grâce de prendre part à l'assistance destinée aux saints. Et non seulement ils ont contribué comme nous l'espérions mais ils se sont d'abord donnés eux-mêmes au Seigneur, puis à nous, par la volonté de Dieu. 2 Cor.8 ; 4-5

NB : celui qui débute le travail doit enseigner obligatoirement aux gens comment payer la dîme et donner les offrandes. Si les gens ne donnent pas l'église sera malade. Quand les chrétiens voient que le pasteur est en train de travailler avec tout son cœur, et Il est intègre, ils se donneront à cœur à l'œuvre de Dieu. Les chrétiens connaissent quand leurs pasteurs sont en train de travailler pour l'argent ou s'ils sont en train de travailler pour Dieu avec tous leurs cœurs.

Depuis la création Dieu a montré à Adam une image de la dîme en lui ordonnant de se nourrir de tous les arbres du jardin sauf un qui lui fut refusé ayant un avertissement à la malédiction. Par manque d'obéissance à Dieu il obéit à la voix de sa femme qui fut séduite par le serpent, il en mangea et la malédiction arriva. Tout ce qui sort de la bouche de Dieu est saint et aucun humain n'a le droit de s'opposer sans pouvoir se détruire.

Les serviteurs de Dieu qui devaient s'occuper uniquement des besoins spirituels des adeptes et personnels, par manque des moyens, ils se trouvent dans d'autres travaux qu'ils ne pouvaient pas faire. Si tous les adeptes pouvaient payer fidèlement la dîme, le pasteur aurait un salaire qui lui permettra de satisfaire tous ses besoins, alors il n'aura pas cette épreuve de travailler dans une usine de cigarettes et de boissons alcooliques qui sont contre sa croyance.

C'est une grosse erreur de s'associer soit dans le ministère ou dans les affaires avec une personne qui ne paie pas sa dîme. D'office, la malédiction se cache dans tout ce que vous entreprenez.

Jacob dans son voyage vers son oncle Laban promit à Dieu de lui payer la dîme lorsqu'il le bénira. Dieu accomplit cette requête et si vous lisez dans la bible vous ne verrez aucune part où il en paya. Le résultat se voit quand son salaire fut changé dix fois. GENESE 31 ; 7 l'Eternel changea son nom de menteur par Israël et devint infirme avant de rencontrer son frère Esaü. GENESE 28

> [15]Voici, je suis avec toi, je te garderai partout où tu iras, et je te ramènerai dans ce pays; car je ne t'abandonnerai point, que je n'aie exécuté ce que je te dis.

> [16]Jacob s'éveilla de son sommeil et il dit: Certainement, l'Éternel est en ce lieu, et moi, je ne le savais pas!

¹⁷Il eut peur, et dit: Que ce lieu est redoutable! C'est ici la maison de Dieu, c'est ici la porte des cieux!

¹⁸Et Jacob se leva de bon matin; il prit la pierre dont il avait fait son chevet, il la dressa pour monument, et il versa de l'huile sur son sommet.

¹⁹Il donna à ce lieu le nom de Béthel; mais la ville s'appelait auparavant Luz.

²⁰Jacob fit un vœu, en disant: Si Dieu est avec moi et me garde pendant ce voyage que je fais, s'il me donne du pain à manger et des habits pour me vêtir,

²¹et si je retourne en paix à la maison de mon père, alors l'Éternel sera mon Dieu;

²²cette pierre, que j'ai dressée pour monument, sera la maison de Dieu; et je te donnerai la dîme de tout ce que tu me donneras.

Voyons maintenant le traitement d'un menteur dans GENESE 32

²⁴Jacob demeura seul. Alors un homme lutta avec lui jusqu'au lever de l'aurore.

²⁵Voyant qu'il ne pouvait le vaincre, cet homme le frappa à l'emboîture de la hanche; et l'emboîture de la hanche de Jacob se démit pendant qu'il luttait avec lui.

[26]Il dit: Laisse-moi aller, car l'aurore se lève. Et Jacob répondit: Je ne te laisserai point aller, que tu ne m'aies béni.

[27]Il lui dit: Quel est ton nom? Et il répondit: Jacob.

[28]Il dit encore: ton nom ne sera plus Jacob, mais tu seras appelé Israël; car tu as lutté avec Dieu et avec des hommes, et tu as été vainqueur.

[29]Jacob l'interrogea, en disant: Fais-moi je te prie, connaître ton nom. Il répondit: Pourquoi demandes-tu mon nom? Et il le bénit là.

[30]Jacob appela ce lieu du nom de Peniel: car, dit-il, j'ai vu Dieu face à face, et mon âme a été sauvée.

[31]Le soleil se levait, lorsqu'il passa Peniel. Jacob boitait de la hanche.

[32]C'est pourquoi jusqu'à ce jour, les enfants d'Israël ne mangent point le tendon qui est à l'emboîture de la hanche; car Dieu frappa Jacob à l'emboîture de la hanche, au tendon.

Dieu n'est pas un homme pour oublier les vœux que nous faisons et sa parole doit être respectée par ses serviteurs malgré toutes les conditions.

QU'EST-CE QUE LA DIME PAR RODNEY SANKIKA

C'est quoi la dîme ? Quelle valeur le chrétien doit-il accorder à celle-ci ?

Il y a quelques mois, j'avais participé à un débat sur la dîme sur le Forum Top Chrétien. Les vues sur la dîme y exprimées étant toutes basées sur le fait que la loi de Moïse a été abolie et que la dîme ne peut plus être appliquée pour les chrétiens, il m'a semblé nécessaire de publier cet article pour éclaircir certaines zones d'ombres qui empêchent un examen objectif de la question de la dîme.

Avant d'analyser la question de la dîme, nous demanderons à ceux qui ne l'ont pas fait de lire les articles « Jésus et la loi de Moïse » et « Est-ce mauvais de judaïser ? » afin d'avoir un autre son de cloche, celui biblique, sur la question de la loi dans la vie du chrétien.

1. DEFINITION

La dîme est le dixième d'un élément. Cet élément peut être le produit agricole, du bétail, le salaire qu'on a reçu d'un travail, etc. La dîme appartient à Dieu.

«*30 **Toute dîme** de la terre, soit des récoltes de la terre, soit du fruit des arbres,**appartient à Yahvé**; c'est une chose consacrée à Yahvé. 31 Si quelqu'un veut racheter quelque chose de sa dîme, il y ajoutera un cinquième. 32 Toute dîme de gros et de menu bétail, de tout ce qui passe sous la houlette, sera une dîme consacrée à Yahvé.* » (Lévitique 27 : 30 – 32)

2. POURQUOI LA DIME ?

Comme le souligne David Hargis, la dîme a été donnée comme un remède à la pauvreté. En effet, depuis la chute de l'homme, Dieu a maudit la terre. A cause de cette malédiction, la terre connaît des famines, des sécheresses, et l'homme peine durement pour manger son pain.

« *le sol sera maudit à cause de toi. C'est à force de peine que tu en tireras ta nourriture tous les jours de ta vie, 18 il te produira des épines et des ronces, et tu mangeras de l'herbe des champs. 19 C'est à la sueur de ton visage que tu mangeras du pain, ...* » (Genèse 3 : 17 – 19)

La voie donnée au peuple de l'Alliance pour surmonter cette malédiction est de donner une partie du produit de cette terre maudite à Dieu.

Quand la dîme est donné à Dieu, celui-ci ouvre les écluses des cieux et bénit la terre en faveur de ceux qui l'ont honoré.

« *Vous êtes frappés par la malédiction, et vous me trompez, la nation tout entière! 10 Apportez à la maison du trésor toutes les dîmes, afin qu'il y ait de la nourriture dans ma maison; Mettez-moi de la sorte à l'épreuve, dit Yahvé des armées. Et vous verrez si je n'ouvre pas pour vous les écluses des cieux, Si je ne répands pas sur vous la bénédiction en abondance. 11 **Pour vous je menacerai celui qui dévore, et il ne vous détruira pas les fruits de la terre, et la vigne ne sera pas stérile dans vos campagnes, dit Yahvé des armées.** 12 Toutes les nations vous diront heureux, car vous serez un pays de délices, dit Yahvé des armées.* » (Malachie 3 : 9 – 12)

Dieu s'étonne du fait que malgré la connaissance qu'avait le peuple de la malédiction de la terre, celui-ci le trompait en refusant de payer la dîme. Il demande à la nation d'Israël de le mettre à l'épreuve par ses dîmes et offrandes pour voir s'il ne rendra pas cette malédiction sans effet en ce qui la concerne.

Comme la malédiction ne frappe pas seulement la terre, mais aussi le fruit de la sueur du front de l'homme, Abraham et Jacob qui n'étaient pas agriculteurs, donnèrent la dîme de ce qu'ils avaient acquit par la sueur de leurs fronts.

L'autre raisons pour laquelle la dîme était donnée aux les lévites, c'était pour qu'ils puissent se consacrer à l'étude de la parole de Dieu et non disperser leur énergie dans la recherche des aliments pour survivre et des vêtements pour se vêtir.

« *4 Et il dit au peuple, aux habitants de Jérusalem, de donner la portion des sacrificateurs et des Lévites, **afin qu'ils observassent fidèlement la loi de l'Éternel.**5 Lorsque la chose fut répandue, les enfants d'Israël donnèrent en abondance les prémices du blé, du moût, de l'huile, du miel, et de tous les produits des champs; ils apportèrent aussi en abondance la dîme de tout.* » (2 Chroniques 31 : 4 – 5)

Ayant étudiés la parole de Dieu, les lévites auraient ainsi été en mesure de l'enseigner au peuple.

« *23 Ils enseigneront à mon peuple à distinguer ce qui est saint de ce qui est profane, ils lui feront connaître la différence entre ce qui est impur et ce qui est pur. 24 Ils seront juges dans les contestations, et ils jugeront d'après mes lois. Ils observeront aussi mes lois et mes ordonnances dans toutes mes fêtes, et ils sanctifieront mes sabbats.* » (Ezéchiel 44 : 23 – 24)

La dîme était donc donnée afin que les lévites se consacrent entièrement à l'étude et à l'enseignement de la parole de Dieu. **Les lévites vivaient donc du travail qu'ils accomplissaient au nom du Seigneur.**

La bible nous informe que les lévites avaient été remis en « don » à Israël pour faire le service dans le tabernacle. La dîme était le salaire qu'ils réservaient de Dieu en échange de leur service.

« *Voici, j'ai pris vos frères les Lévites du milieu des enfants d'Israël: donnés à Yahvé,**ils vous sont remis en don** pour faire le service de la tente d'assignation. (…) Je donne comme possession aux fils de Lévi toute dîme en Israël, pour le service qu'ils font, le service de la tente d'assignation. (…) Tu leur diras: Quand vous en aurez prélevé le meilleur, la dîme sera comptée aux Lévites comme le revenu de l'aire et comme le revenu de la cuve. 31 Vous la mangerez en un lieu quelconque, vous et votre maison; car **c'est votre salaire pour le service que vous faites dans la tente d'assignation.*** » (Nombres 18 : 6, 21, 30 – 31)

3. **HISTOIRE DE LA DIME**

A. La dîme avant Moïse

La première mention faite de la dîme dans la Bible est lorsqu'Abraham donna à Melchisédech celle de tout le butin qu'il avait eu de la campagne contre Kedorlaomer et les rois qui étaient avec lui afin de libérer Lot son neveu. Il faut noter qu'à l'époque Abraham n'était pas encore circoncis pour devenir le premier juif (terme utilisé aujourd'hui pour désigner ses descendants charnels regroupés sous la nation d'Israël et ceux dispersés à travers le monde).

« ***18** Melchisédek, roi de Salem, fit apporter du pain et du vin: il était sacrificateur du Dieu Très-Haut. **19** Il bénit Abram, et dit: Béni soit Abram par le Dieu Très-Haut, maître du ciel et de la terre! **20** Béni soit le Dieu Très-Haut, qui a livré tes ennemis entre tes mains! **Et Abram lui donna la dîme de tout.*** » (Genèse 14 : 18 – 20)

La dîme d'Abraham était tirée du butin de guerre.

La deuxième mention de la dîme est celle promise par Jacob à Dieu si celui-ci le ramenait en paix dans la maison de son père.

> « ***20*** *Jacob fit un vœu, en disant: Si Dieu est avec moi et me garde pendant ce voyage que je fais, s'il me donne du pain à manger et des habits pour me vêtir,* ***21*** *et si je retourne en paix à la maison de mon père, alors l'Éternel sera mon Dieu;* ***22****cette pierre, que j'ai dressée pour monument, sera la maison de Dieu; et **je te donnerai la dîme de tout ce que tu me donneras.*** »

Les deux dîmes que nous venons de voir, celle d'Abraham et de Jacob furent données avant l'existence du sacerdoce Aaronique instauré par la loi mosaïque.

B. La dîme sous le sacerdoce Aaronique.

Les descendants d'Abraham, d'Isaac et de Jacob constitueront la nation d'Israël. Cette nation, Dieu la délivra d'Egypte afin qu'elle soit pour lui un royaume des sacrificateurs.

« *vous serez pour moi un royaume de sacrificateurs et une nation sainte. Voilà les paroles que tu diras aux enfants d'Israël.* » (Exode 19 : 6)

Mais, nous constatons que dans cette nation des sacrificateurs, Dieu va se choisir une tribu afin qu'elle exerce les fonctions sacerdotales pour tout Israël, c'est la tribu de Lévi.

Sous le sacerdoce lévitique, la dîme était tirée des produits de la terre et du bétail vu que la nation était essentiellement composée d'agriculteurs et d'éleveurs. Mais, ceci ne veut en aucun cas dire que les pratiquants des autres métiers ne payaient pas leurs dîmes. A l'imitation d'Abraham et de Jacob, ils payaient la dîme du produit de la sueur de leur front.

« *30 Toute dîme de la terre, soit des récoltes de la terre, soit du fruit des arbres, appartient à l'Éternel; c'est une chose consacrée à l'Éternel. 31 Si quelqu'un veut racheter quelque chose de sa dîme, il y ajoutera un cinquième. 32 Toute dîme de gros et de menu bétail, de tout ce qui passe sous la houlette, sera une dîme consacrée à l'Éternel.* » (Lévitique 27 : 30 – 32)

La dîme était tirée du bénéfice et non de l'ensemble. C'était de ce qui était produit qu'on tirait la dîme.

« **22** *Tu lèveras **la dîme de tout ce que produira ta semence, de ce que rapportera ton champ chaque année.*** » (Deutéronome 14 : 22)

4. LA DIME SOUS LA NOUVELLE ALLIANCE

La nouvelle alliance a vu l'instauration d'un nouveau Souverain Sacrificateur selon l'ordre de Melchisédek.

« *car il est notoire que notre Seigneur est sorti de Juda, tribu dont Moïse n'a rien dit pour ce qui concerne le sacerdoce. Cela devient plus évident encore, quand il paraît un autre sacrificateur à la ressemblance de*

65

Melchisédek, institué, non d'après la loi d'une ordonnance charnelle, mais selon la puissance d'une vie impérissable; car ce témoignage lui est rendu: Tu es sacrificateur pour toujours Selon l'ordre de Melchisédek. » (Hébreux 7 : 14 – 17)

Comme dans la première alliance les lévites avaient été remis en « don » pour servir dans le temple (Nombres 18 : 6), sous la nouvelle alliance, il a été « **donné** » à l'Eglise des hommes qui œuvrent à l'autel du Seigneur, enseignent aux croyants les voies de Dieu.

*« C'est pourquoi il est dit: Étant monté en haut, il a emmené des captifs, Et **il a fait des dons aux hommes**. (...) Celui qui est descendu, c'est le même qui est monté au-dessus de tous les cieux, afin de remplir toutes choses. Et **il a donné les uns comme apôtres, les autres comme prophètes, les autres comme évangélistes, les autres comme pasteurs et docteurs, pour le perfectionnement des saints en vue de l'oeuvre du ministère et de l'édification du corps de Christ,** jusqu'à ce que nous soyons tous parvenus à l'unité de la foi et de la connaissance du Fils de Dieu, à l'état d'homme fait, à la mesure de la stature parfaite de Christ, **afin que nous ne soyons plus des enfants, flottants et emportés à tout vent de doctrine**, par la tromperie des hommes, par leur ruse dans les moyens de séduction, mais que, professant la vérité dans la charité, nous croissions à tous égards en celui qui est le chef, Christ. »* (Ephésiens 4 : 10 – 15)

Les apôtres, les prophètes, les évangélistes, les pasteurs et les docteurs ont été **donnés** pour le perfectionnement des saints (croyants). Ce perfectionnement passe notamment par l'enseignement afin que les croyants puissent être assis dans la vérité, la vraie voie de Yahwéh et ne soient point emportés par tout vent de doctrine.

Il ressort de ce qui précède que bien que nous sommes sous la nouvelle alliance, nous sommes aussi sous un sacerdoce, celui du fils de Dieu, un sacerdoce selon l'ordre de Melchisédek. Or, nous avons vu que sous le sacerdoce de Melchisédek la dîme était payée et que les lévites qui recevaient la dîme, sous la première alliance, avaient été remis en « don » pour servir le Seigneur et de ce fait, la dîme constituait leur salaire. Donc, il est évident que même aujourd'hui les croyants sont tenus d'honorer le Seigneur par leurs dîmes (en plus de leurs offrandes) car nous sommes sous le sacerdoce d'un souverain sacrificateur selon l'ordre de Melchisédeck, personne à qui Abraham le père de la foi avait remis sa dîme. Et sous ce sacerdoce, Jésus a remis en « don » à l'Eglise des hommes pour son perfectionnement, de même que lévites avaient été remis en « don » pour le service du seigneur. De même que ce dernier percevaient la dîme entant que « donnés », il est normal que les « donnés » du temps présent perçoivent la dîme pour le travail qu'ils accomplissent pour le seigneur.

De plus, comme les lévites qui grâce aux dîmes vivaient du travail d'enseignants de la parole de Dieu qu'ils exerçaient, ceux qui annoncent l'évangile ont reçu du Seigneur l'ordre de vivre de l'évangile. Sachant que ce sont les dîmes qui permettaient aux enseignants de l'Ancienne alliance (et même avant) de vivre de l'évangile, nous comprenons que c'est par le même procédé que ceux de la nouvelle alliance vivront de l'évangile.

«*Ou bien, est-ce que moi seul et Barnabas nous n'avons pas le droit de ne point travailler? Qui jamais fait le service militaire à ses propres frais? Qui est-ce qui plante une vigne, et n'en mange pas le fruit? Qui est-ce qui fait paître un troupeau, et ne se nourrit pas du lait du troupeau? Ces choses que je dis, n'existent-elles que dans les usages des hommes?* **la loi ne les dit-elle pas aussi? Car il est écrit dans la loi de Moïse: Tu n'emmusselleras point le bœuf quand il foule le grain. Dieu se met-il en peine des bœufs, ou parle-t-il uniquement à cause de nous ? Oui, c'est à cause de nous qu'il a été écrit que celui qui laboure doit labourer avec espérance, et celui qui foule le grain fouler avec l'espérance d'y avoir part. Si nous avons semé parmi vous les biens spirituels, est-ce une grosse affaire si nous moissonnons vos biens temporels.** *Si d'autres jouissent de ce droit sur vous, n'est-ce pas plutôt à nous d'en jouir? Mais nous n'avons point usé de ce droit; au contraire, nous souffrons tout, afin de ne pas créer d'obstacle à l'Évangile de Christ.* **Ne savez-vous pas que ceux qui remplissent les fonctions sacrées sont nourris par le temple, que ceux qui servent à l'autel ont part à l'autel? De même aussi, le Seigneur a ordonné à ceux qui annoncent l'Évangile de vivre de l'Évangile.** » (1 Corinthiens 9 : 6 – 14)

Paul énonce le principe selon lequel ceux qui annonce l'évangile sont tenus à recevoir le même soutient que ce que recevaient les sacrificateurs dans le temple (dîmes, offrandes, prémices, etc.).

Certains soulignent le fait que nous ne sommes plus sous la loi et que nous ne sommes pas tenus par la dîme. Outre les raisons ci-haut avancées qui démontrent le contraire, nous remarquons que Paul cite la loi pour démontrer que nous sommes tenus d'assister ceux qui enseignent l'évangile. Il dit même que cette loi a été écrite pour nous (ceux qui enseignent et ceux qui reçoivent l'évangile) pas seulement pour les juifs comme j'ai vu certains le déclarer au forum. Notez que cette lettre est écrite aux Corinthiens.

Ce n'est pas pour rien que Paul cite seulement l'Ecriture qui affirme qu'on ne doit pas museler le bœuf quand il foule le grain. Le bœuf représente le sacrificateur. En effet, lorsqu'un sacrificateur devait offrir un sacrifice d'expiation à Dieu pour le péché qu'il avait commis, ce sacrifice était constitué d'un gros bétail (un taureau, Lévitique 4 : 1 - 3) tandis que quand c'était une personne du peuple qui devait offrir un sacrifice d'expiation, ce sacrifice était tiré du petit bétail (une chèvre, Lévitique 4 : 27 – 28). Il identifie ce bœuf comme étant celui qui annonce l'évangile. Le petit bétail, l'agneau, la brebis étant celui à qui l'évangile est annoncé et enseigné.

« *Que celui à qui l'on enseigne la parole fasse part de tous ses biens à celui qui l'enseigne. Ne vous y trompez pas: on ne se moque pas de Dieu*. Ce qu'un homme aura semé, il le moissonnera aussi. Celui qui sème pour sa chair moissonnera de la chair la corruption; mais celui qui sème pour l'Esprit moissonnera de l'Esprit la vie éternelle. Ne nous lassons pas de faire le bien; car nous moissonnerons au temps convenable, si nous ne nous relâchons pas.* » (Galates 6 : 6 – 9)

Après avoir demandé à l'enseigné de faire part de ses biens à l'enseignant, Paul souligne qu'on ne se moque pas de Dieu. Il affirme cela parce que s'il existe un moyen de tromper Dieu, c'est bien en refusant de payer la dîme et de donner les offrandes.

« *Un homme trompe-t-il Dieu? Car vous me trompez, et vous dites: En quoi t'avons-nous trompé? Dans les dîmes et les offrandes.* » (Malachie 3 : 8)

L'apôtre Paul parle d'une transaction qui doit exister entre celui qui enseigne et celui qui est enseigné. Celui qui enseigne apporte ses biens spirituels à l'enseigné et ce dernier lui apporte ses biens temporels.

Melchisédeck, sacrificateur, avait apporté à Abraham du pain et du vin, des biens d'une grande porté spirituelle (comme le pain et le vin que christ avait donné et a légué à ses disciples), et Abraham lui donna ses biens temporels. Et suite à cela, Dieu bénit grandement Abraham.

« 1 *Après ces événements, la parole de Yahvé fut adressée à Abram dans une vision, et il dit: Abram, ne crains point; je suis ton bouclier, et **ta récompense sera très grande.*** » (Genèse 15 : 1)

Certains brandissent le fait que sous la nouvelle alliance on n'est pas tenu par la dîme parce qu'il nous faut honorer Dieu avec tout ce que l'on a. Ils semblent ignorer que cette idée n'est pas étrangère à l'Ancienne alliance et que cela ne remettait pas en cause l'application de la dîme.

« ***9 Honore l'Éternel avec tes biens**, Et avec les prémices de tout ton revenu: **10***Alors tes greniers seront remplis d'abondance, Et tes cuves regorgeront de moût.* » (Proverbes 3 : 9 – 10)

On honore Dieu avec ses biens on donnant nos offrandes, nos dîmes, les prémices de nos revenus, etc. Toutes ces choses sont remises aux serviteurs de Dieu, qui les reçoivent comme un sacrifice d'une odeur agréable pour le Seigneur. La conséquence est celle soulignée en Proverbes 3 : 9 – 10, Dieu envoie de l'abondance et pourvoit aux besoins de ceux qui l'honorent ainsi.

*«Vous le savez vous-mêmes, Philippiens, au commencement de la prédication de l'Évangile, lorsque je partis de la Macédoine, aucune Église n'entra en compte avec moi pour ce qu'elle donnait et recevait; vous fûtes les seuls à le faire, car vous m'envoyâtes déjà à Thessalonique, et à deux reprises, de quoi pourvoir à mes besoins. Ce n'est pas que je recherche les dons; mais je recherche le fruit qui abonde pour votre compte. J'ai tout reçu, et je suis dans l'abondance; **j'ai été comblé de biens, en recevant par Épaphrodite ce qui vient de vous comme un parfum de bonne odeur, un sacrifice que Dieu accepte, et qui lui est agréable. Et mon Dieu pourvoira à tous vos besoins selon sa richesse, avec gloire, en Jésus Christ.** »* (Philippiens 4 : 18 – 19)

En plus de cela, sous la nouvelle alliance, nous sommes fils d'Abraham.

« reconnaissez donc que ce sont ceux qui ont la foi qui sont fils d'Abraham. » (Galates 3 : 7)

Jésus affirme que les enfants d'Abraham font les œuvres de ce dernier.

*« Ils lui répondirent: Notre père, c'est Abraham. Jésus leur dit: **Si vous étiez enfants d'Abraham, vous feriez les œuvres d'Abraham.** »* (Jean 8 : 39)

Comme Abraham avait payé sa dîme, si on se dit enfant d'Abraham, il nous faut aussi payer notre dîme.

FRERES ET SŒURS, DIEU N'OUBLIERA JAMAIS CE QUE VOUS AVEZ FAIT DANS SON ŒUVRE A HAMILTON, CANADA.

V. <u>SUPPORT DE L'EVANGILE</u>

<u>Le support de l'évangile nous créera des faveurs de Dieu. Marc 10 ;29-30</u>

[29]Jésus répondit: Je vous le dis en vérité, il n'est personne qui, ayant quitté, à cause de moi et à cause de la bonne nouvelle, sa maison, ou ses frères, ou ses sœurs, ou sa mère, ou son père, ou ses enfants, ou ses terres,

[30]ne reçoive au centuple, présentement dans ce siècle-ci, des maisons, des frères, des sœurs, des mères, des enfants, et des terres, avec des persécutions, et, dans le siècle à venir, la vie éternelle.

Le Seigneur Jésus-Christ ne plaisantait pas quand IL insistait sur le salut des âmes par l'évangile. S'il y a une chose que les églises ne doivent jamais négliger c'est l'évangélisation.

C'est un ordre qu'il nous a donné d'aller dans tout le monde prêcher la bonne nouvelle, enseignant sa parole. L'évangélisation est irremplaçable dans les rôles que les églises doivent remplir. Les églises ne doivent pas seulement se contenter à compter de l'argent mais et surtout à compter les âmes apportées au Seigneur. Malgré les lois différentes que les pays divers présentent, les enfants de Dieu doivent savoir contourner les obstacles et gagner les âmes par les moyens révélés par l'esprit de Dieu. Dans L'évangélisation nous exposons Christ qui sauve, qui délivre, qui guérit et qui fait des miracles. Dans Matthieu 10 l'ordre est donné de prêcher et de guérir.

[7]Allez, prêchez, et dites: Le royaume des cieux est proche.

[8]Guérissez les malades, ressuscitez les morts, purifiez les lépreux, chassez les démons. Vous avez reçu gratuitement, donnez gratuitement.

Bien que nous devions supporter l'évangile par nos potentialités, le ministre de Dieu ne doit pas vendre les dons ou exiger des biens avant de prier. Les miracles et les prodiges sont faits par Dieu pour confirmer sa parole.

Dans Matthieu 28 Jésus-Christ parle aussi de l'évangélisation.

[16]Les onze disciples allèrent en Galilée, sur la montagne que Jésus leur avait désignée.

[17]Quand ils le virent, ils se prosternèrent devant lui. Mais quelques-uns eurent des doutes.

[18]Jésus, s'étant approché, leur parla ainsi: Tout pouvoir m'a été donné dans le ciel et sur la terre.

¹⁹Allez, faites de toutes les nations des disciples, les baptisant au nom du Père, du Fils et du Saint Esprit,

²⁰et enseignez-leur à observer tout ce que je vous ai prescrit. Et voici, je suis avec vous tous les jours, jusqu'à la fin du monde.

Chaque parole prononcée par Jésus-Christ est l'unique solution, et la puissance que nous avons pour accomplir sa volonté, Il tient beaucoup sur cette voix de la grande commission. Voyons aussi Marc 16

⁴Enfin, il apparut aux onze, pendant qu'ils étaient à table; et il leur reprocha leur incrédulité et la dureté de leur cœur, parce qu'ils n'avaient pas cru ceux qui l'avaient vu ressuscité.

¹⁵Puis il leur dit: Allez par tout le monde, et prêchez la bonne nouvelle à toute la création.

¹⁶Celui qui croira et qui sera baptisé sera sauvé, mais celui qui ne croira pas sera condamné.

¹⁷Voici les miracles qui accompagneront ceux qui auront cru: en mon nom, ils chasseront les démons; ils parleront de nouvelles langues;

¹⁸ils saisiront des serpents; s'ils boivent quelque breuvage mortel, il ne leur feront point de mal; ils imposeront les mains aux malades, et les malades, seront guéris.

¹⁹Le Seigneur, après leur avoir parlé, fut enlevé au ciel, et il s'assit à la droite de Dieu.

²⁰Et ils s'en allèrent prêcher partout. Le Seigneur travaillait avec eux, et confirmait la parole par les miracles qui l'accompagnaient.

Ceci devient très important car des promesses sont faites à ceux qui pratiquent la vraie évangélisation. Pour qu'on soit à la mesure d'opérer ces activités, les ministres de Dieu sont obligés de prier et rester dans la présence de Dieu pour qu'ils aient l'onction spirituelle nécessaire pour briser les pouvoirs diaboliques. Luc 4

¹⁴Jésus, revêtu de la puissance de l'Esprit, retourna en Galilée, et sa renommée se répandit dans tout le pays d'alentour.

¹⁵Il enseignait dans les synagogues, et il était glorifié par tous.

¹⁶Il se rendit à Nazareth, où il avait été élevé, et, selon sa coutume, il entra dans la synagogue le jour du sabbat. Il se leva pour faire la lecture,

¹⁷et on lui remit le livre du prophète Ésaïe. L'ayant déroulé, il trouva l'endroit où il était écrit:

¹⁸L'Esprit du Seigneur est sur moi, Parce qu'il m'a oint pour annoncer une bonne nouvelle aux pauvres; Il m'a envoyé pour guérir ceux qui ont le cœur brisé,

¹⁹Pour proclamer aux captifs la délivrance, Et aux aveugles le recouvrement de la vue, Pour renvoyer libres les opprimés, Pour publier une année de grâce du Seigneur.

L'EGLISE DOIT PRIER POUR LA DELIVRANCE DES NATIONS. ESAIE 62

⁵Comme un jeune homme s'unit à une vierge, Ainsi tes fils s'uniront à toi; Et comme la fiancée fait la joie de son fiancé, Ainsi tu feras la joie de ton Dieu.

⁶Sur tes murs, Jérusalem, j'ai placé des gardes; Ils ne se tairont ni jour ni nuit. Vous qui la rappelez au souvenir de l'Éternel, Point de repos pour vous!

⁷Et ne lui laissez aucun relâche, Jusqu'à ce qu'il rétablisse Jérusalem Et la rende glorieuse sur la terre.

ACTES. 2

⁴¹Ceux qui acceptèrent sa parole furent baptisés; et, en ce jour-là, le nombre des disciples s'augmenta d'environ trois mille âmes.

⁴²Ils persévéraient dans l'enseignement des apôtres, dans la communion fraternelle, dans la fraction du pain, et dans les prières.

⁴³La crainte s'emparait de chacun, et il se faisait beaucoup de prodiges et de miracles par les apôtres.

⁴⁴Tous ceux qui croyaient étaient dans le même lieu, et ils avaient tout en commun.

⁴⁵Ils vendaient leurs propriétés et leurs biens, et ils en partageaient le produit entre tous, selon les besoins de chacun.

⁴⁶Ils étaient chaque jour tous ensemble assidus au temple, ils rompaient le pain dans les maisons, et prenaient leur nourriture avec joie et simplicité de cœur,

⁴⁷louant Dieu, et trouvant grâce auprès de tout le peuple. Et le Seigneur ajoutait chaque jour à l'Église ceux qui étaient sauvés.

PHILIPPE FUT L'EVANGELISATION

⁴Ceux qui avaient été dispersés allaient de lieu en lieu, annonçant la bonne nouvelle de la parole.

⁵Philippe, étant descendu dans la ville de Samarie, y prêcha le Christ.

[6]Les foules tout entières étaient attentives à ce que disait Philippe, lorsqu'elles apprirent et virent les miracles qu'il faisait.

[7]Car des esprits impurs sortirent de plusieurs démoniaques, en poussant de grands cris, et beaucoup de paralytiques et de boiteux furent guéris.

[8]Et il y eut une grande joie dans cette ville.

[9]Il y avait auparavant dans la ville un homme nommé Simon, qui, se donnant pour un personnage important, exerçait la magie et provoquait l'étonnement du peuple de la Samarie.

[10]Tous, depuis le plus petit jusqu'au plus grand, l'écoutaient attentivement, et disaient: Celui-ci est la puissance de Dieu, celle qui s'appelle la grande.

[11]Ils l'écoutaient attentivement, parce qu'il les avait longtemps étonnés par ses actes de magie.

[12]Mais, quand ils eurent cru à Philippe, qui leur annonçait la bonne nouvelle du royaume de Dieu et du nom de Jésus Christ, hommes et femmes se firent baptiser.

[13]Simon lui-même crut, et, après avoir été baptisé, il ne quittait plus Philippe, et il voyait avec étonnement les miracles et les grands prodiges qui s'opéraient.

[14]Les apôtres, qui étaient à Jérusalem, ayant appris que la Samarie avait reçu la parole de Dieu, y envoyèrent Pierre et Jean.

[15]Ceux-ci, arrivés chez les Samaritains, prièrent pour eux, afin qu'ils reçussent le Saint Esprit.

[16]Car il n'était encore descendu sur aucun d'eux; ils avaient seulement été baptisés au nom du Seigneur Jésus.

[17]Alors Pierre et Jean leur imposèrent les mains, et ils reçurent le Saint Esprit.

Le Seigneur Jésus-Christ avait des partenaires qui supportaient l'évangélisation aussi Luc 8

[2]Les douze étaient avec de lui et quelques femmes qui avaient été guéries d'esprits malins et de maladies: Marie, dite de Magdala, de laquelle étaient sortis sept démons,

[3]Jeanne, femme de Chuza, intendant d'Hérode, Susanne, et plusieurs autres, qui l'assistaient de leurs biens.

L'Apôtre Paul aux Romains a fait mention du support de l'évangélisation

[8]Que dit-elle donc? La parole est près de toi, dans ta bouche et dans ton cœur. Or, c'est la parole de la foi, que nous prêchons.

[9]Si tu confesses de ta bouche le Seigneur Jésus, et si tu crois dans ton cœur que Dieu l'a ressuscité des morts, tu seras sauvé.

[10]Car c'est en croyant du cœur qu'on parvient à la justice, et c'est en confessant de la bouche qu'on parvient au salut, selon ce que dit l'Écriture:

[11]Quiconque croit en lui ne sera point confus.

[12]Il n'y a aucune différence, en effet, entre le Juif et le Grec, puisqu'ils ont tous un même Seigneur, qui est riche pour tous ceux qui l'invoquent.

[13]Car quiconque invoquera le nom du Seigneur sera sauvé.

[14]Comment donc invoqueront-ils celui en qui ils n'ont pas cru? Et comment croiront-ils en celui dont ils n'ont pas entendu parler? Et comment en entendront-ils parler, s'il n'y a personne qui prêche?

[15]Et comment y aura-t-il des prédicateurs, s'ils ne sont pas envoyés? selon qu'il est écrit: Qu'ils sont beaux Les pieds de ceux qui annoncent la paix, De ceux qui annoncent de bonnes nouvelles!

¹⁶Mais tous n'ont pas obéi à la bonne nouvelle. Aussi Ésaïe dit-il: Seigneur, Qui a cru à notre prédication?

¹⁷Ainsi la foi vient de ce qu'on entend, et ce qu'on entend vient de la parole de Christ.

¹⁸Mais je dis: N'ont-ils pas entendu? Au contraire! Leur voix est allée par toute la terre, Et leurs paroles jusqu'aux extrémités du monde.

Faites attention aux ennemis de l'évangile ; ceux qui s'opposèrent aux œuvres de Jésus-Christ, ce sont les religieux. Ceux qui s'opposeront en premier lieu aux vrais messagers de Dieu, ce seraient toujours ces mêmes personnes. Ils donnent l'apparence de connaitre Dieu mais ils sont remplis de jalousies et des malhonnêtetés extrêmes et n'hésitent pas à tuer si l'occasion se présente. Evitez ces personnes et n'ayez rien à traiter avec ces groupes. Si nous avons réussi à nous mettre à la disposition de Dieu pour produire le réveil aux régions de grands lacs d'Afrique, la première cause fut de savoir avec qui collaborer, étant donné que d'autres croyances furent opposées à l'enseignement de Christ. Ce ne fut pas facile mais je fus catégorique bien que nous fûmes convoqués dans leurs réunions pour nous donner des menaces. J'avais fait confiance en Dieu qui agit pour sa gloire.

Les ennemis de l'évangile essaieront de brandir votre passé pour vous détruire, ne soyez pas découragés. Etant sûr que vous vous êtes mis en ordre avec Dieu, le passé négatif n'existe plus devant la face de Dieu. L'Eternel n'en a pas besoin. La repentance et s'abandonner dans la volonté de Dieu est une excellente chose que la diarrhée des mots de vantardise.

Soyons dirigés par le Saint-Esprit dans le travail de Dieu et ne cédons pas aux actes d'apparences ou des accusations diverses, éprouvons les serviteurs au lieu de les lapider. Actuellement beaucoup d'ennemis de l'évangile sont acceptés dans beaucoup de milieux utilisant des ruses et de démonstrations spirituelles qui viennent du malin. Méfiez-vous, si la parole de Dieu n'est pas exacte, sachez que c'est une déviation ; si vous ne trouvez pas de l'humilité dans le messager, vous pouvez vous attendre à n'importe quoi.

Au contraire si vous avez la grâce de tomber sur un serviteur humble qui demeure dans la parole de Dieu, faites tout pour rester avec lui car il est votre bénédiction et celle de votre communauté. Ce sont les gens de cette qualité dont Le Seigneur dit, j'étais affamé tu m'as nourris, soyez très attachés envers ce serviteur, même si il touche vos faiblesses dans ses messages. C'est cela la parole pour vous corriger et vous orienter. Soyez prêt à vous repentir au lieu de s'en prendre au messager. Matt. 25

[31]Lorsque le Fils de l'homme viendra dans sa gloire, avec tous les anges, il s'assiéra sur le trône de sa gloire.

[32]Toutes les nations seront assemblées devant lui. Il séparera les uns d'avec les autres, comme le berger sépare les brebis d'avec les boucs;

[33]et il mettra les brebis à sa droite, et les boucs à sa gauche.

³⁴Alors le roi dira à ceux qui seront à sa droite: Venez, vous qui êtes bénis de mon Père; prenez possession du royaume qui vous a été préparé dès la fondation du monde.

³⁵Car j'ai eu faim, et vous m'avez donné à manger; j'ai eu soif, et vous m'avez donné à boire; j'étais étranger, et vous m'avez recueilli;

³⁶j'étais nu, et vous m'avez vêtu; j'étais malade, et vous m'avez visité; j'étais en prison, et vous êtes venus vers moi.

³⁷Les justes lui répondront: Seigneur, quand t'avons-nous vu avoir faim, et t'avons-nous donné à manger; ou avoir soif, et t'avons-nous donné à boire?

³⁸Quand t'avons-nous vu étranger, et t'avons-nous recueilli; ou nu, et t'avons-nous vêtu?

³⁹Quand t'avons-nous vu malade, ou en prison, et sommes-nous allés vers toi?

⁴⁰Et le roi leur répondra: Je vous le dis en vérité, toutes les fois que vous avez fait ces choses à l'un de ces plus petits de mes frères, c'est à moi que vous les avez faites.

⁴¹Ensuite il dira à ceux qui seront à sa gauche: Retirez-vous de moi, maudits; allez dans le feu éternel qui a été préparé pour le diable et pour ses anges.

⁴²Car j'ai eu faim, et vous ne m'avez pas donné à manger; j'ai eu soif, et vous ne m'avez pas donné à boire;

⁴³j'étais étranger, et vous ne m'avez pas recueilli; j'étais nu, et vous ne m'avez pas vêtu; j'étais malade et en prison, et vous ne m'avez pas visité.

⁴⁴Ils répondront aussi: Seigneur, quand t'avons-nous vu ayant faim, ou ayant soif, ou étranger, ou nu, ou malade, ou en prison, et ne t'avons-nous pas assisté?

⁴⁵Et il leur répondra: Je vous le dis en vérité, toutes les fois que vous n'avez pas fait ces choses à l'un de ces plus petits, c'est à moi que vous ne les avez pas faites.

⁴⁶Et ceux-ci iront au châtiment éternel, mais les justes à la vie éternelle.

C'est triste de constater que plusieurs qui sont censés montrer la lumière se cachent et encadrent scillament l'obscurité. Ils prophétisent sans honte les mensonges au nom de Dieu et ils lient le peuple de Dieu avec beaucoup de stratégies diaboliques. Malheur en eux parce que leur fin approchent et personne ne les délivrera car ils ont rejeté la vérité pour la gloire de ce monde, et pour sa richesse. Riche est celui qui demeurera éternellement dans le royaume car il a accepté de souffrir et d'être humilié pour la cause de Christ. J'ai péché, oui, mais je me suis repenti et abandonner les mauvais comportements est respecté et applaudi dans les lieux célestes.

Néhémie ayant une vision divine fut opposé et menacé mais il n'a pas cédé même une parcelle à la distraction il a évité complètement de s'aligner aux ennemis de ce travail. Nehemie 6

Néhémie 6

[1]Je n'avais pas encore posé les battants des portes, lorsque Sanballat, Tobija, Guéschem, l'Arabe, et nos autres ennemis apprirent que j'avais rebâti la muraille et qu'il n'y restait plus de brèche.

[2]Alors Sanballat et Guéschem m'envoyèrent dire: Viens, et ayons ensemble une entrevue dans les villages de la vallée d'Ono. Ils avaient médité de me faire du mal.

[3]Je leur envoyai des messagers avec cette réponse: J'ai un grand ouvrage à exécuter, et je ne puis descendre; le travail serait interrompu pendant que je quitterais pour aller vers vous.

⁴Ils m'adressèrent quatre fois la même demande, et je leur fis la même réponse.

⁵Sanballat m'envoya ce message une cinquième fois par son serviteur, qui tenait à la main une lettre ouverte.

⁶Il y était écrit: Le bruit se répand parmi les nations et Gaschmu affirme que toi et les Juifs vous pensez à vous révolter, et que c'est dans ce but que tu rebâtis la muraille. Tu vas, dit-on, devenir leur roi,

⁷tu as même établi des prophètes pour te proclamer à Jérusalem roi de Juda. Et maintenant ces choses arriveront à la connaissance du roi. Viens donc, et consultons-nous ensemble.

⁸Je fis répondre à Sanballat: Ce que tu dis là n'est pas; c'est toi qui l'inventes!

⁹Tous ces gens voulaient nous effrayer, et ils se disaient: Ils perdront courage, et l'oeuvre ne se fera pas. Maintenant, ô Dieu, fortifie-moi!

¹⁰Je me rendis chez Schemaeja, fils de Delaja, fils de Mehétabeel. Il s'était enfermé, et il dit: Allons ensemble dans la maison de Dieu, au milieu du temple, et fermons les portes du temple; car ils viennent pour te tuer, et c'est pendant la nuit qu'ils viendront pour te tuer.

¹¹Je répondis: Un homme comme moi prendre la fuite! Et quel homme tel que moi pourrait entrer dans le temple et vivre? Je n'entrerai point.

¹²Et je reconnus que ce n'était pas Dieu qui l'envoyait. Mais il prophétisa ainsi sur moi parce que Sanballat et Tobija lui avaient donné de l'argent.

¹³En le gagnant ainsi, ils espéraient que j'aurais peur, et que je suivrais ses avis et commettrais un péché; et ils auraient profité de cette atteinte à ma réputation pour me couvrir d'opprobre.

¹⁴Souviens-toi, ô mon Dieu, de Tobija et de Sanballat, et de leurs oeuvres! Souviens-toi aussi de Noadia, la prophétesse, et des autres prophètes qui cherchaient à m'effrayer!

¹⁵La muraille fut achevée le vingt-cinquième jour du mois d'Élul, en cinquante-deux jours.

¹⁶Lorsque tous nos ennemis l'apprirent, toutes les nations qui étaient autour de nous furent dans la crainte; elles éprouvèrent une grande humiliation, et reconnurent que l'oeuvre s'était accomplie par la volonté de notre Dieu.

¹⁷Dans ce temps-là, il y avait aussi des grands de Juda qui adressaient fréquemment des lettres à Tobija et qui en recevaient de lui.

¹⁸Car plusieurs en Juda étaient liés à lui par serment, parce qu'il était gendre de Schecania, fils d'Arach, et que son fils Jochanan avait pris la fille de Meschullam, fils de Bérékia.

¹⁹Ils disaient même du bien de lui en ma présence, et ils lui rapportaient mes paroles. Tobija envoyait des lettres pour m'effrayer.

Supporter l'évangile est une grande bénédiction parce qu'on investit directement dans le royaume des cieux. Matt. 5

¹⁹Ne vous amassez pas des trésors sur la terre, où la teigne et la rouille détruisent, et où les voleurs percent et dérobent;

²⁰mais amassez-vous des trésors dans le ciel, où la teigne et la rouille ne détruisent point, et où les voleurs ne percent ni ne dérobent.

²¹Car là où est ton trésor, là aussi sera ton cœur.

Nous devons annoncer l'évangile sachant que nous avons été choisis, nous avons été envoyés et nous avons été oints pour agir. Tout ce que Le Seigneur nous a ordonné il les remplira pour confirmer sa parole. IL a confirmé qu'il sera avec nous jusqu'à la fin. Inutile d'aller ailleurs pour chercher le substitut, il est et il demeure le maître de tout le temps, Christ en nous l'espérance de la gloire. Notre combat est déjà gagné parce que nul ne peut lui résister. Restant fidèles dans l'alliance, lui ne nous mettra jamais dans la confusion étant la lumière, la vérité, la vie, le chemin et toute puissance lui a été donné et il nous l'a déléguée. Luc. 10

¹⁷Les soixante-dix revinrent avec joie, disant: Seigneur, les démons mêmes nous sont soumis en ton nom.

¹⁸Jésus leur dit: Je voyais Satan tomber du ciel comme un éclair.

¹⁹Voici, je vous ai donné le pouvoir de marcher sur les serpents et les scorpions, et sur toute la puissance de l'ennemi; et rien ne pourra vous nuire.

²⁰Cependant, ne vous réjouissez pas de ce que les esprits vous sont soumis; mais réjouissez-vous de ce que vos noms sont écrits dans les cieux.

²¹En ce moment même, Jésus tressaillit de joie par le Saint Esprit, et il dit: Je te loue, Père, Seigneur du ciel et de la terre, de ce que tu as caché

ces choses aux sages et aux intelligents, et de ce que tu les as révélées aux enfants. Oui, Père, je te loue de ce que tu l'as voulu ainsi.

[22]Toutes choses m'ont été données par mon Père, et personne ne connaît qui est le Fils, si ce n'est le Père, ni qui est le Père, si ce n'est le Fils et celui à qui le Fils veut le révéler.

[23]Et, se tournant vers les disciples, il leur dit en particulier: Heureux les yeux qui voient ce que vous voyez!

VI. <u>LES BONNES OEUVRES</u>

<u>Les bonnes œuvres nous produiront de multiples opportunités. Matt. 5 :16 et Galates. 6</u>

[16]Que votre lumière luise ainsi devant les hommes, afin qu'ils voient vos bonnes œuvres, et qu'ils glorifient votre Père qui est dans les cieux

[2]Portez les fardeaux les uns des autres, et vous accomplirez ainsi la loi de Christ.

[3]Si quelqu'un pense être quelque chose, quoiqu'il ne soit rien, il s'abuse lui-même.

[4]Que chacun examine ses propres œuvres, et alors il aura sujet de se glorifier pour lui seul, et non par rapport à autrui;

[5]car chacun portera son propre fardeau.

[6]Que celui à qui l'on enseigne la parole fasse part de tous ses biens à celui qui l'enseigne.

⁷Ne vous y trompez pas: on ne se moque pas de Dieu. Ce qu'un homme aura semé, il le moissonnera aussi.

⁸Celui qui sème pour sa chair moissonnera de la chair la corruption; mais celui qui sème pour l'Esprit moissonnera de l'Esprit la vie éternelle.

⁹Ne nous lassons pas de faire le bien; car nous moissonnerons au temps convenable, si nous ne nous relâchons pas.

¹⁰Ainsi donc, pendant que nous en avons l'occasion, pratiquons le bien envers tous, et surtout envers les frères en la foi.

Le Seigneur nous a enseigné longuement de la charité et c'est un sujet ou il a insisté le plus. Il nous conseille de ne pas entretenir l'avarice. La femme qui avait un parfum très cher et qu'elle a versé sur son corps lui a fait un grand témoignage et cet exemple est prêché dans tout le monde. Par de bonnes œuvres d'aucuns ont eu de grandes opportunités depuis l'ancien testament jusqu'au nouveau. L'action de la veuve de Sarepta qui devait mourir elle et son enfant par la famine, mais sauva leur vies, en acceptant de partager sa nourriture avec l'homme de Dieu, elle eu un miracle de chaque jour ; la Sunamite qui reçut le miracle d'avoir un fils ; Abraham qui reçut les anges et les traita avec dignité ; Lot qui aussi fut sauvé du malheur de Sodome et Gomorrhe. Tabitha et Corneille qui l'une ressuscita et l'autre reçut le salut à cause de leurs bonnes œuvres. Actes. 9 et 10

³⁶Il y avait à Joppé, parmi les disciples, une femme nommée Tabitha, ce qui signifie Dorcas: elle faisait beaucoup de bonnes œuvres et d'aumônes.

³⁷Elle tomba malade en ce temps-là, et mourut. Après l'avoir lavée, on la déposa dans une chambre haute.

³⁸Comme Lydde est près de Joppé, les disciples, ayant appris que Pierre s'y trouvait, envoyèrent deux hommes vers lui, pour le prier de venir chez eux sans tarder.

³⁹Pierre se leva, et partit avec ces hommes. Lorsqu'il fut arrivé, on le conduisit dans la chambre haute. Toutes les veuves l'entourèrent en pleurant, et lui montrèrent les tuniques et les vêtements que faisait Dorcas pendant qu'elle était avec elles.

⁴⁰Pierre fit sortir tout le monde, se mit à genoux, et pria; puis, se tournant vers le corps, il dit: Tabitha, lève-toi! Elle ouvrit les yeux, et ayant vu Pierre, elle s'assit.

⁴¹Il lui donna la main, et la fit lever. Il appela ensuite les saints et les veuves, et la leur présenta vivante.

⁴²Cela fut connu de tout Joppé, et beaucoup crurent au Seigneur.

L'OPPORTUNITE DE CORNEILLE ACTES 10

Remarquez que nous ne sommes pas sauvés par les bonnes œuvres mais une fois sauvé et lavé par le sang de Jésus-Christ, notre ancienne nature est changée. Christ dans ce cas vit en nous, l'homme ancien ou l'homme animal est transformé en nouvel homme. Ainsi nos activités et comportements doivent tendre à l'image de Christ. Le nom chrétien est tiré de Christ, comme Christ. C'est par nos actes que nous péchons ou nous demeurons dans la conduite chrétienne tel que Galates 5 : 12- 26 nous le montre

[28]Vous savez, leur dit-il, qu'il est défendu à un Juif de se lier avec un étranger ou d'entrer chez lui; mais Dieu m'a appris à ne regarder aucun homme comme souillé et impur.

[29]C'est pourquoi je n'ai pas eu d'objection à venir, puisque vous m'avez appelé; je vous demande donc pour quel motif vous m'avez envoyé chercher.

[30]Corneille dit: Il y a quatre jours, à cette heure-ci, je priais dans ma maison à la neuvième heure; et voici, un homme vêtu d'un habit éclatant se présenta devant moi, et dit:

[31]Corneille, ta prière a été exaucée, et Dieu s'est souvenu de tes aumônes.

[32]Envoie donc à Joppé, et fais venir Simon, surnommé Pierre; il est logé dans la maison de Simon, corroyeur, près de la mer.

[33]Aussitôt j'ai envoyé vers toi, et tu as bien fait de venir. Maintenant donc nous sommes tous devant Dieu, pour entendre tout ce que le Seigneur t'a ordonné de nous dire.

[34]Alors Pierre, ouvrant la bouche, dit: En vérité, je reconnais que Dieu ne fait point acception de personnes,

³⁵mais qu'en toute nation celui qui le craint et qui pratique la justice lui est agréable.

³⁶Il a envoyé la parole aux fils d'Israël, en leur annonçant la paix par Jésus Christ, qui est le Seigneur de tous.

³⁷Vous savez ce qui est arrivé dans toute la Judée, après avoir commencé en Galilée, à la suite du baptême que Jean a prêché;

³⁸vous savez comment Dieu a oint du Saint Esprit et de force Jésus de Nazareth, qui allait de lieu en lieu faisant du bien et guérissant tous ceux qui étaient sous l'empire du diable, car Dieu était avec lui.

Les enfants de Dieu doivent comprendre que nous avons notre identité non à ce que nous divise mais par le sang de Jésus-Christ. Le problème d'un frère ou une sœur en Christ est nôtre et son élévation aussi. Au temps des apôtres, les chrétiens vendaient leurs biens et ils apportaient l'argent aux pieds des apôtres pour que tout le corps de Christ puisse partager ; mais aujourd'hui les orgueilleux veulent les déposer sur leurs têtes pour les dominer. Chose qui corrompt les activités saintes des églises. Les biens ne doivent pas être comme une dette que vous faites, c'est un devoir chrétien qui n'attend pas un retour, connaissant que tout ce que nous faisons est pour la gloire de Dieu. Le Seigneur va très loin jusqu'à nous ordonner de faire des biens à nos ennemis. Voici ce que nous devons faire ; les ennemis de ceux qui sont dans l'alliance avec Dieu sont les ennemis de Dieu et Lui-même s'en occupera. La vengeance appartient à Dieu et non à nous. Les bonnes œuvres montrent ce que nous sommes et prêchent plus que les paroles. EXODE 23 ;

²⁰Voici, j'envoie un ange devant toi, pour te protéger en chemin, et pour te faire arriver au lieu que j'ai préparé.

²¹Tiens-toi sur tes gardes en sa présence, et écoute sa voix; ne lui résiste point, parce qu'il ne pardonnera pas vos péchés, car mon nom est en lui.

²²Mais si tu écoutes sa voix, et si tu fais tout ce que je te dirai, je serai l'ennemi de tes ennemis et l'adversaire de tes adversaires.

²³Mon ange marchera devant toi, et te conduira chez les Amoréens, les Héthiens, les Phéréziens, les Cananéens, les Héviens et les Jébusiens, et je les exterminerai.

²⁴Tu ne te prosterneras point devant leurs dieux, et tu ne les serviras point; tu n'imiteras point ces peuples dans leur conduite, mais tu les détruiras, et tu briseras leurs statues.

²⁵Vous servirez l'Éternel, votre Dieu, et il bénira votre pain et vos eaux, et j'éloignerai la maladie du milieu de toi.

²⁶Il n'y aura dans ton pays ni femme qui avorte, ni femme stérile. Je remplirai le nombre de tes jours.

²⁷J'enverrai ma terreur devant toi, je mettrai en déroute tous les peuples chez lesquels tu arriveras, et je ferai tourner le dos devant toi à tous tes ennemis.

²⁸J'enverrai les frelons devant toi, et ils chasseront loin de ta face les Héviens, les Cananéens et les Héthiens.

[29]Je ne les chasserai pas en une seule année loin de ta face, de peur que le pays ne devienne un désert et que les bêtes des champs ne se multiplient contre toi.

[30]Je les chasserai peu à peu loin de ta face, jusqu'à ce que tu augmentes en nombre et que tu puisses prendre possession du pays.

VII. <u>DISPONIBILITE</u>

<u>La disponibilité aux activités spirituelles engendra la croissance spirituelle et la présence de Dieu HEBREUX 10 : 23-25</u>

[23]Retenons fermement la profession de notre espérance, car celui qui a fait la promesse est fidèle.

[24]Veillons les uns sur les autres, pour nous exciter à la charité et aux bonnes œuvres.

[25]N'abandonnons pas notre assemblée, comme c'est la coutume de quelques-uns; mais exhortons-nous réciproquement, et cela d'autant plus que vous voyez s'approcher le jour.

Si les hommes pouvaient chercher Dieu comme ils cherchent l'argent, la maturité spirituelle serait dans un grand nombre d'enfants de Dieu. Pour l'affaire spirituelle les excuses ne manquent pas. On cherche toujours des raisons pour se retrancher des activités spirituelles. La négligence est notoire pour les devoirs chrétiens et la repentance n'est pas faite. C'est vraiment une des raisons d'être rejeté par Dieu d'après Osée 4

[6]Mon peuple est détruit, parce qu'il lui manque la connaissance. Puisque tu as rejeté la connaissance, Je te rejetterai, et tu seras dépouillé de mon sacerdoce; Puisque tu as oublié la loi de ton Dieu, J'oublierai aussi tes enfants.

[7]Plus ils se sont multipliés, plus ils ont péché contre moi: Je changerai leur gloire en ignominie.

[8]Ils se repaissent des péchés de mon peuple, Ils sont avides de ses iniquités.

[9]Il en sera du sacrificateur comme du peuple; Je le châtierai selon ses voies, Je lui rendrai selon ses œuvres.

Comment se fait il que Dieu est beaucoup négligé par ceux qui devaient montrer au monde qu'il doit être glorifié plus que tout qu'on peut avoir. Lui qui nous donne tous les bonnes choses, et la vie que nous détenons, mais les hommes veulent acharnement ses biens tout en lui privant ses droits.

Pour l'argent, qu'il pleuve ou qu'il neige on se précipite à temps sans faille, mais pour aller au culte pour bénéficier de l'apport spirituel le sommeil arrive. Comment pouvons-nous grandir spirituellement si nous n'aimons pas les enseignements ; d'autres se font paresseux pour lire tout qui est biblique. Le berger, malgré qu'il lit pour vous, sachez qu'il lit premièrement pour son édification.

La croissance des églises apostoliques fut, car ils étaient assidus aux enseignements des apôtres, à la communion fraternelle, et à la prière.

⁴¹Ceux qui acceptèrent sa parole furent baptisés; et, en ce jour-là, le nombre des disciples s'augmenta d'environ trois mille âmes.

⁴²Ils persévéraient dans l'enseignement des apôtres, dans la communion fraternelle, dans la fraction du pain, et dans les prières.

⁴³La crainte s'emparait de chacun, et il se faisait beaucoup de prodiges et de miracles par les apôtres.

⁴⁴Tous ceux qui croyaient étaient dans le même lieu, et ils avaient tout en commun.

⁴⁵Ils vendaient leurs propriétés et leurs biens, et ils en partageaient le produit entre tous, selon les besoins de chacun.

⁴⁶Ils étaient chaque jour tous ensemble assidus au temple, ils rompaient le pain dans les maisons, et prenaient leur nourriture avec joie et simplicité de cœur,

⁴⁷louant Dieu, et trouvant grâce auprès de tout le peuple. Et le Seigneur ajoutait chaque jour à l'Église ceux qui étaient sauvés.

Un enfant de Dieu doit avoir chaque jour le temps de communion avec son Père. Dans 24 heures combien de temps donnez-vous à Dieu, à votre famille et aux distractions ? Par vos réponses on discernera quel genre de chrétien vous êtes.

Un vrai chrétien doit arriver au culte quelques minutes avant le service pour commencer à prier afin qu'il quitte dans l'ordinaire et accéder à l'onction divine avant que l'officiant débute les séances.

Pourquoi donner beaucoup de temps aux choses qui n'édifient pas ? Comme certains programmes de télévisions qui au fait nous volent le temps d'être dans la présence de Dieu. Souvent à cause de ces futilités l'on manque le temps de faire une méditation spirituelle étant rempli des choses inutiles et de fois de volupté qui souille l'âme et l'esprit.

Nous devons nous faire violence pour mériter la faveur divine et d'avoir la révélation de Dieu. IL est dit dans Matthieu 11 : [12]Depuis le temps de Jean Baptiste jusqu'à présent, le royaume des cieux est forcé, et ce sont les violents qui s'en s'emparent.

Il est aussi vrai que Dieu fera de vous de grandes choses quand vous aussi vous lui servez exceptionnellement. Daniel fut honoré par Dieu en lui faisant invulnérable parce que lui aussi a su comment glorifier L'Eternel au prix de sa vie.

Imaginez-vous comment une personne comme Elie ou Elisée pouvait perdre le temps en regardant un match de football ou autre chose semblable. Je ne dis pas que c'est un péché mais ils avaient choisi autre chose que ses loisirs du monde.

Je me sens indigné de voir un serviteur de Dieu entouré de sa famille observer des scènes de nudité à la télévision. C'est la honte.

Un homme comme Jean Baptiste qui fut dans le désert mais à cause de son onction fraîche, les personnes de la ville bien vêtues et ayant de titres le suivaient pour avoir de connections avec Dieu.

Nous devons être de connections dignes à travers Jésus et les hommes et nous devons faire de la différence. A défaut de ceci les gens suivent les sorciers qui les amènent vers Satan et sont détruits par les puissances du mal. L'homme a toujours cherché de connections à celui qui lui donnera de solution. C'est ainsi qu'il ya plusieurs dieux et par manque de connaissance on les prend pour des vrais. Les Bar-Jésus sont nombreux et sans la connaissance vous pouvez être séduits. Actes 13

[6] Ils traversèrent toute l'île et arrivèrent à Paphos[c]. Ils trouvèrent là un magicien juif nommé Bar-Jésus, qui se faisait passer pour un prophète.

[7] Il faisait partie de l'entourage du proconsul Sergius Paulus, un homme intelligent. Celui-ci invita Barnabas et Saul et leur exprima son désir d'entendre la Parole de Dieu.

[8] Mais Elymas le magicien (car c'est ainsi que l'on traduit son nom) s'opposait à eux; il cherchait à détourner le proconsul de la foi.

[9] Alors Saul, qui s'appelait aussi Paul[d], rempli du Saint-Esprit, s'adressa à lui en le regardant droit dans les yeux:

[10] ---Charlatan plein de ruse et de méchanceté, fils du diable, ennemi de tout ce qui est bien, quand cesseras-tu de fausser les plans du Seigneur qui sont droits?

[11] Mais maintenant, attention! La main du Seigneur va te frapper, tu vas devenir aveugle et, pendant un certain temps, tu ne verras plus la lumière du soleil. Au même instant, les yeux d'Elymas

s'obscurcirent; il se trouva plongé dans une nuit noire et se tournait de tous côtés en cherchant quelqu'un pour le guider par la main.

[12] Quand le proconsul vit ce qui venait de se passer, il crut; car il avait été vivement impressionné par l'enseignement qui lui avait été donné au sujet du Seigneur.

Ces gens qui s'enrichissent sur les dos des malheureux ; ils promettent la délivrance bien qu'eux mêmes sont liés.

Nous sommes invincibles en demeurant dans l'alliance avec Dieu sachant que c'est lui qui est notre avenir et notre réel soutien à tout moment. 2 Pierre

[17]Ces gens-là sont des fontaines sans eau, des nuées que chasse un tourbillon: l'obscurité des ténèbres leur est réservée.

[18]Avec des discours enflés de vanité, ils amorcent par les convoitises de la chair, par les dissolutions, ceux qui viennent à peine d'échapper aux hommes qui vivent dans l'égarement;

[19]ils leur promettent la liberté, quand ils sont eux-mêmes esclaves de la corruption, car chacun est esclave de ce qui a triomphé de lui.

Dans les actes des apôtres chapitre 17, nous voyons comment à Bérée les convertis avaient beaucoup du temps pour Le Seigneur ; ils prenaient assez de temps pour lire les écritures.

¹⁰Aussitôt les frères firent partir de nuit Paul et Silas pour Bérée. Lorsqu'ils furent arrivés, ils entrèrent dans la synagogue des Juifs.

¹¹Ces Juifs avaient des sentiments plus nobles que ceux de Thessalonique; ils reçurent la parole avec beaucoup d'empressement, et ils examinaient chaque jour les Écritures, pour voir si ce qu'on leur disait était exact.

¹²Plusieurs d'entre eux crurent, ainsi que beaucoup de femmes grecques de distinction, et beaucoup d'hommes.

VIII. <u>SAINTETE</u>

<u>Demeurer dans la sainteté nous garantira le ciel HEUBREUX. 12 : 14-15 1 Pierre. 1 :15-16</u>

[14]Recherchez la paix avec tous, et la sanctification, sans laquelle personne ne verra le Seigneur.

[15]Veillez à ce que nul ne se prive de la grâce de Dieu; à ce qu'aucune racine d'amertume, poussant des rejetons, ne produise du trouble, et que plusieurs n'en soient infectés;

[14]Comme des enfants obéissants, ne vous conformez pas aux convoitises que vous aviez autrefois, quand vous étiez dans l'ignorance.

[15]Mais, puisque celui qui vous a appelés est saint, vous aussi soyez saints dans toute votre conduite, selon qu'il est écrit:

[16]Vous serez saints, car je suis saint.

Avoir toujours une bonne réponse présente un bon caractère qui prouve votre bonté et l'amour divin. Trois modèles qu'un bon chrétien peut donner au monde ; La paix, la vérité et l'humilité. Souvent, dans la colère, les réponses troublent et créent des conflits, mieux se taire et répondre quand on sera une bénédiction à l'autre. La sainteté est perçue dans nos comportements quotidiens ; c'est en partageant la vie où nous exposons la vie sainte de Christ.

La **sainteté convient à la maison de Dieu. Pasteur WEB.ORG**

Tes témoignages sont entièrement véritables; La sainteté convient à ta maison, O Eternel! pour toute la durée des temps. Psaumes 93:5

Etre saint est une nécessité

La sainteté est indispensable pour la crédibilité de notre témoignage dans le monde, mais aussi et surtout pour maintenir notre bonne communion avec Dieu, notre Père céleste, avec Jésus, notre Seigneur et avec le Saint Esprit notre compagnon de route.

Nous devons comprendre que Dieu veut un peuple saint, c'est à dire des hommes et des femmes qui rachetés par le sang de son Fils Jésus-Christ, marchent dans la sainteté.

Car la grâce de Dieu, source de salut pour tous les hommes, a été manifestée. Elle nous enseigne à renoncer à l'impiété et aux convoitises mondaines, et à vivre dans le siècle présent selon la sagesse, la justice et la piété, en attendant la bienheureuse espérance, et la manifestation de la gloire du grand Dieu et de notre Sauveur Jésus-Christ, qui s'est donné lui-même pour nous, afin de nous racheter de toute iniquité, et de se faire un peuple qui lui appartienne, purifié par lui et zélé pour les bonnes œuvres. Tite 2:11

La sainteté est le seul moyen de sanctifier la présence de Seigneur dans notre vie, selon qu'il est écrit :

«Sanctifiez dans vos cœurs, Christ le Seigneur.» 1 Pierre 3:15

La seule façon de vivre la vie d'enfant de Dieu pour lui être agréable c'est de marcher dans la sainteté, c'est à dire pratiquer la justice, se conserver pur. Dieu ne peut pas accepter d'être uni avec quelque chose de souillé.

Or, notre communion est avec le Père et avec son Fils Jésus-Christ. Et nous écrivons ces choses, afin que notre joie soit parfaite. La nouvelle que nous avons apprise de lui, et que nous vous annonçons, c'est que Dieu est lumière, et qu'il n'y a point en lui de ténèbres. Si nous disons que nous sommes en communion avec lui, et que nous marchions dans les ténèbres, nous mentons, et nous ne pratiquons pas la vérité. Mais si nous marchons dans la lumière, comme il est lui-même dans la lumière, nous sommes mutuellement en communion, et le sang de Jésus son Fils nous purifie de tout péché. 1 Jean 1:3:7

En quoi consiste marcher dans la sainteté ?

Plusieurs expressions aident à le comprendre : marcher dans la lumière, marcher dans la vérité, demeurer en Christ, sanctifier le Seigneur dans nos cœurs, vivre selon l'Esprit. En fait, c'est vivre, dans le monde, notre vie de tous les jours, en se préservant des souillures du péché.

Ayant donc de telles promesses, bien-aimés, purifions-nous de toute souillure de la chair et de l'esprit, en achevant notre sanctification dans la crainte de Dieu. 2 Corinthiens 7:1

C'est la condition pour maintenir une réelle communion avec le Seigneur.

C'est pourquoi, Sortez du milieu d'eux, Et séparez-vous, dit le Seigneur; Ne touchez pas à ce qui est impur, Et je vous accueillerai. 2 Corinthiens 6:17

Ce passage a été parfois mal compris, interprété comme un appel à nous séparer des non-croyants dans notre vie familiale ou sociale. Il s'agit, tout en étant dans le monde, c'est à dire parmi les inconvertis, de ne pas participer à leurs péchés et de nous garder des associations ou unions dont nous ne pourrons pas maîtriser la morale.

Si nous nous souillons avec les péchés du monde nous perdons notre bonne communion avec le Seigneur et toute notre vie de prière et de foi en est altérée. Nous perdons notre paix et notre assurance devant Dieu.

Les lévites chargés d'entretenir le sanctuaire devaient se sanctifier et sanctifier la maison de Dieu :

Ecoutez-moi, Lévites! Maintenant sanctifiez-vous, sanctifiez la maison de l'Eternel, le Dieu de vos pères, et mettez ce qui est impur hors du sanctuaire. 2 Chroniques 29:5

Nous sommes le temple du Saint-Esprit, par lui Dieu demeure en nous et nous sommes appelés à être «un temple saint» :

Vous avez été édifiés sur le fondement des apôtres et des prophètes, Jésus-Christ lui-même étant la pierre angulaire. En lui tout l'édifice, bien coordonné, s'élève pour être un temple saint dans le Seigneur. En lui vous êtes aussi édifiés pour être une habitation de Dieu en Esprit. Ephésiens 2:20-22

Ne savez–vous pas que vous êtes le sanctuaire de Dieu, et que l'Esprit de Dieu habite en vous ? 1 Corinthiens 3:16 ¶

Ne savez-vous pas que votre corps est le temple du Saint-Esprit qui est en vous, que vous avez reçu de Dieu, et que vous ne vous appartenez point à vous-mêmes? Car vous avez été rachetés à un grand prix. Glorifiez donc Dieu dans votre corps et dans votre esprit, qui appartiennent à Dieu. 1 Corinthiens 6:19,20

Il y a dans la Bible, beaucoup d'autres passages qui nous exhortent à la sainteté, il n'est pas difficile de les trouver, il est plus difficile de les pratiquer.

La sainteté c'est la seule façon de vivre qui plaise à Dieu et le glorifie. Le manque de sainteté nous prive de la joie de la communion avec le Seigneur, cela attriste le Saint-Esprit et empêche Dieu de nous exaucer et d'accomplir en notre faveur tout ce qu'il voudrait.

N'attristez pas le Saint-Esprit de Dieu, par lequel vous avez été scellés pour le jour de la rédemption.

Je crois que la parole que l'Eternel adressait à son peuple par le prophète Ësaïe est aussi valable pour le peuple de la nouvelle alliance, l'Eglise, que nous sommes

Non, le bras du SEIGNEUR n'est pas trop court pour sauver, son oreille n'est pas trop dure pour entendre. Ce sont vos fautes qui vous séparent de votre Dieu, ce sont vos péchés qui le détournent de vous, qui l'empêchent de vous entendre. Esaïe 59:1

Il y a deux choses essentielles pour vivre selon la pensée de Dieu :

1) Lorsque nous péchons, ne restons pas dans notre souillure mais confessons nos péchés en demandant sincèrement pardon au Seigneur.

Mes enfants, je vous écris cela pour que vous ne péchiez pas. Mais si quelqu'un vient à pécher, nous avons un défenseur auprès du Père, Jésus–Christ, qui est juste. Il est lui–même l'expiation pour nos péchés ; non pas seulement pour les nôtres, mais aussi pour ceux du monde entier. 1 Jean 2:1

2) Recherchons la sanctification, efforçons nous de vivre dans la sainteté

Fortifiez donc vos mains languissantes Et vos genoux affaiblis; et suivez avec vos pieds des voies droites, afin que ce qui est boiteux ne dévie pas, mais plutôt se raffermisse. Recherchez la paix avec tous, et la sanctification, sans laquelle personne ne verra le Seigneur. Hébreux 12:12

Nous n'allons pas pleurer seulement pour la nouvelle Jérusalem mais nous allons la conquérir par la foi.

Tout ce qu'un parent peut donner à ses enfants comme richesse c'est la sagesse, l'éducation, et la bénédiction, comme patrimoine.

car il est impossible que le sang des taureaux et des boucs ôte les péchés.

⁵C'est pourquoi Christ, entrant dans le monde, dit: Tu n'as voulu ni sacrifice ni offrande, Mais tu m'as formé un corps;

⁶Tu n'as agréé ni holocaustes ni sacrifices pour le péché.

⁷Alors j'ai dit: Voici, je viens (Dans le rouleau du livre il est question de moi) Pour faire, ô Dieu, ta volonté.

[8]Après avoir dit d'abord: Tu n'as voulu et tu n'as agréé ni sacrifices ni offrandes, Ni holocaustes ni sacrifices pour le péché (ce qu'on offre selon la loi),

[9]il dit ensuite: Voici, je viens Pour faire ta volonté. Il abolit ainsi la première chose pour établir la seconde.

[10]C'est en vertu de cette volonté que nous sommes sanctifiés, par l'offrande du corps de Jésus Christ, une fois pour toutes.

[11]Et tandis que tout sacrificateur fait chaque jour le service et offre souvent les mêmes sacrifices, qui ne peuvent jamais ôter les péchés,

[12]lui, après avoir offert un seul sacrifice pour les péchés, s'est assis pour toujours à la droite de Dieu,

[13]attendant désormais que ses ennemis soient devenus son marchepied.

[14]Car, par une seule offrande, il a amené à la perfection pour toujours ceux qui sont sanctifiés.

[15]C'est ce que le Saint Esprit nous atteste aussi; car, après avoir dit:

[16]Voici l'alliance que je ferai avec eux, Après ces jours-là, dit le Seigneur: Je mettrai mes lois dans leurs coeurs, Et je les écrirai dans leur esprit, il ajoute:

¹⁷Et je ne me souviendrai plus de leurs péchés ni de leurs iniquités.

¹⁸Or, là où il y a pardon des péchés, il n'y a plus d'offrande pour le péché.

¹⁹Ainsi donc, frères, puisque nous avons, au moyen du sang de Jésus, une libre entrée dans le sanctuaire

²⁰par la route nouvelle et vivante qu'il a inaugurée pour nous au travers du voile, c'est-à-dire, de sa chair,

²¹et puisque nous avons un souverain sacrificateur établi sur la maison de Dieu,

²²approchons-nous avec un coeur sincère, dans la plénitude de la foi, les coeurs purifiés d'une mauvaise conscience, et le corps lavé d'une eau pure.

²³Retenons fermement la profession de notre espérance, car celui qui a fait la promesse est fidèle.

²⁴Veillons les uns sur les autres, pour nous exciter à la charité et aux bonnes oeuvres.

²⁵N'abandonnons pas notre assemblée, comme c'est la coutume de quelques-uns; mais exhortons-nous réciproquement, et cela d'autant plus que vous voyez s'approcher le jour.